MATERIAL DE APOIO
PARA O APRENDIZADO DE
LIBRAS

INSTITUTO PHORTE EDUCAÇÃO

PHORTE EDITORA

Diretor-Presidente

Fabio Mazzonetto

Diretora-Executiva

Vânia M. V. Mazzonetto

Editor-Executivo

Tulio Loyelo

ALEXANDRE DOS SANTOS FIGUEIRA

MATERIAL DE APOIO PARA O APRENDIZADO DE LIBRAS

Phorte
editora

São Paulo, 2011

Material de apoio para o aprendizado de LIBRAS

Copyright © 2011 by Phorte Editora

Rua Treze de Maio, 596
Bela Vista – São Paulo – SP
CEP: 01327-000
Tel/fax: (11) 3141-1033
Site: www.phorte.com.br
E-mail: phorte@phorte.com.br

Nenhuma parte deste livro pode ser reproduzida ou transmitida de qualquer forma, sem autorização prévia por escrito da Phorte Editora Ltda.

CIP-BRASIL. CATALOGAÇÃO-NA-FONTE
SINDICATO NACIONAL DOS EDITORES DE LIVROS, RJ

F485m

Figueira, Alexandre dos Santos
Material de apoio para o aprendizado de LIBRAS / Alexandre dos Santos Figueira. - São Paulo: Phorte, 2011.
340p.: il.

Inclui bibliografia
ISBN 978-85-7655-321-2

1. Língua de sinais. 2. Surdos - Meio de comunicação. 3. Surdos - Educação. I. Título.

11-4035.   CDD: 419
                    CDU: 81'221.24

04.07.11   07.07.11   027745

Impresso no Brasil
Printed in Brazil

LEGISLAÇÃO

Presidência da República
Casa Civil
Subchefia para Assuntos Jurídicos

DECRETO Nº 5.626, DE 22 DE DEZEMBRO DE 2005.

> Regulamenta a Lei nº 10.436, de 24 de abril de 2002, que dispõe sobre a Língua Brasileira de Sinais – Libras, e o art. 18 da Lei nº 10.098, de 19 de dezembro de 2000.

O PRESIDENTE DA REPÚBLICA, no uso das atribuições que lhe confere o art. 84, inciso IV, da Constituição, e tendo em vista o disposto na Lei nº 10.436, de 24 de abril de 2002, e no art. 18 da Lei nº 10.098, de 19 de dezembro de 2000,

DECRETA:

CAPÍTULO I
DAS DISPOSIÇÕES PRELIMINARES

Art. 1º Este Decreto regulamenta a **Lei nº 10.436, de 24 de abril de 2002, e o art. 18 da Lei nº 10.098, de 19 de dezembro de 2000.**

Art. 2º Para os fins deste Decreto, considera-se pessoa surda aquela que, por ter perda auditiva, compreende e interage com o mundo por meio de experiências visuais, manifestando sua cultura principalmente pelo uso da Língua Brasileira de Sinais – Libras.

Parágrafo único. Considera-se deficiência auditiva a perda bilateral, parcial ou total, de quarenta e um decibéis (dB) ou mais, aferida por audiograma nas frequências de 500 Hz, 1.000 Hz, 2.000 Hz e 3.000 Hz.

CAPÍTULO II
DA INCLUSÃO DA LIBRAS COMO DISCIPLINA CURRICULAR

Art. 3º A Libras deve ser inserida como disciplina curricular obrigatória nos cursos de formação de professores para o exercício do magistério, em nível médio e superior, e nos cursos de Fonoaudiologia, de instituições de ensino, públicas e privadas, do sistema federal de ensino e dos sistemas de ensino dos Estados, do Distrito Federal e dos Municípios.

§ 1º Todos os cursos de licenciatura, nas diferentes áreas do conhecimento, o curso normal de nível médio, o curso normal superior, o curso de Pedagogia e o curso de Educação Especial são considerados cursos de formação de professores e profissionais da educação para o exercício do magistério.

§ 2º A Libras constituir-se-á em disciplina curricular optativa nos demais cursos de educação superior e na educação profissional, a partir de um ano da publicação deste Decreto.

CAPÍTULO III
DA FORMAÇÃO DO PROFESSOR DE LIBRAS E DO INSTRUTOR DE LIBRAS

Art. 4º A formação de docentes para o ensino de Libras nas séries finais do ensino fundamental, no ensino médio e na educação superior deve ser realizada em nível superior, em curso de graduação de licenciatura plena em Letras: Libras ou em Letras: Libras/Língua Portuguesa como segunda língua.

Parágrafo único. As pessoas surdas terão prioridade nos cursos de formação previstos no **caput**.

Art. 5º A formação de docentes para o ensino de Libras na educação infantil e nos anos iniciais do ensino fundamental deve ser realizada em curso de Pedagogia ou curso normal superior, em que Libras e Língua Portuguesa escrita tenham constituído línguas de instrução, viabilizando a formação bilíngue.

§ 1º Admite-se como formação mínima de docentes para o ensino de Libras na educação infantil e nos anos iniciais do ensino fundamental, a formação ofertada em nível médio na modalidade normal, que viabilizar a formação bilíngue, referida no **caput**.

§ 2º As pessoas surdas terão prioridade nos cursos de formação previstos no **caput**.

Art. 6º A formação de instrutor de Libras, em nível médio, deve ser realizada por meio de:

I – cursos de educação profissional;

II – cursos de formação continuada promovidos por instituições de ensino superior; e

III – cursos de formação continuada promovidos por instituições credenciadas por secretarias de educação.

§ 1º A formação do instrutor de Libras pode ser realizada também por organizações da sociedade civil representativa da comunidade surda, desde que o certificado seja convalidado por pelo menos uma das instituições referidas nos incisos II e III.

§ 2º As pessoas surdas terão prioridade nos cursos de formação previstos no **caput**.

Art. 7º Nos próximos dez anos, a partir da publicação deste Decreto, caso não haja docente com título de pós-graduação ou de graduação em Libras para o ensino dessa disciplina em cursos de educação superior, ela poderá ser ministrada por profissionais que apresentem pelo menos um dos seguintes perfis:

I – professor de Libras, usuário dessa língua com curso de pós- -graduação ou com formação superior e certificado de proficiência em Libras, obtido por meio de exame promovido pelo Ministério da Educação;

II – instrutor de Libras, usuário dessa língua com formação de nível médio e com certificado obtido por meio de exame de proficiência em Libras, promovido pelo Ministério da Educação;

III – professor ouvinte bilíngue: Libras – Língua Portuguesa, com pós- -graduação ou formação superior e com certificado obtido por meio de exame de proficiência em Libras, promovido pelo Ministério da Educação.

§ 1º Nos casos previstos nos incisos I e II, as pessoas surdas terão prioridade para ministrar a disciplina de Libras.

§ 2º A partir de um ano da publicação deste Decreto, os sistemas e as instituições de ensino da educação básica e as de educação superior devem incluir o professor de Libras em seu quadro do magistério.

Art. 8º O exame de proficiência em Libras, referido no art. 7º, deve avaliar a fluência no uso, o conhecimento e a competência para o ensino dessa língua.

§ 1º O exame de proficiência em Libras deve ser promovido, anualmente, pelo Ministério da Educação e instituições de educação superior por ele credenciadas para essa finalidade.

§ 2º A certificação de proficiência em Libras habilitará o instrutor ou o professor para a função docente.

§ 3º O exame de proficiência em Libras deve ser realizado por banca examinadora de amplo conhecimento em Libras, constituída por docentes surdos e linguistas de instituições de educação superior.

Art. 9º A partir da publicação deste Decreto, as instituições de ensino médio que oferecem cursos de formação para o magistério na modalidade normal e as instituições de educação superior que oferecem cursos de Fonoaudiologia ou de formação de professores devem incluir Libras como disciplina curricular, nos seguintes prazos e percentuais mínimos:

I – até três anos, em vinte por cento dos cursos da instituição;

II – até cinco anos, em sessenta por cento dos cursos da instituição;

III – até sete anos, em oitenta por cento dos cursos da instituição; e

IV – dez anos, em cem por cento dos cursos da instituição.

Parágrafo único. O processo de inclusão da Libras como disciplina curricular deve iniciar-se nos cursos de Educação Especial, Fonoaudiologia, Pedagogia e Letras, ampliando-se progressivamente para as demais licenciaturas.

Art. 10. As instituições de educação superior devem incluir a Libras como objeto de ensino, pesquisa e extensão nos cursos de formação de professores para a educação básica, nos cursos de Fonoaudiologia e nos cursos de Tradução e Interpretação de Libras – Língua Portuguesa.

Art. 11 O Ministério da Educação promoverá, a partir da publicação deste Decreto, programas específicos para a criação de cursos de graduação:

I – para formação de professores surdos e ouvintes, para a educação infantil e anos iniciais do ensino fundamental, que viabilize a educação bilíngue: Libras – Língua Portuguesa como segunda língua;

II – de licenciatura em Letras: Libras ou em Letras: Libras/Língua Portuguesa, como segunda língua para surdos;

III – de formação em Tradução e Interpretação de Libras – Língua Portuguesa.

Art. 12. As instituições de educação superior, principalmente as que ofertam cursos de Educação Especial, Pedagogia e Letras, devem viabilizar cursos de pós-graduação para a formação de professores para o ensino de Libras e sua interpretação, a partir de um ano da publicação deste Decreto.

Art. 13. O ensino da modalidade escrita da Língua Portuguesa, como segunda língua para pessoas surdas, deve ser incluído como disciplina curricular nos cursos de formação de professores para a educação infantil e para os anos iniciais do ensino fundamental, de nível médio e superior, bem como nos cursos de licenciatura em Letras com habilitação em Língua Portuguesa.

Parágrafo único. O tema sobre a modalidade escrita da língua portuguesa para surdos deve ser incluído como conteúdo nos cursos de Fonoaudiologia.

CAPÍTULO IV
DO USO E DA DIFUSÃO DA LIBRAS E DA LÍNGUA PORTUGUESA PARA O ACESSO DAS PESSOAS SURDAS À EDUCAÇÃO

Art. 14. As instituições federais de ensino devem garantir, obrigatoriamente, às pessoas surdas acesso à comunicação, à informação e à educação nos processos seletivos, nas atividades e nos conteúdos curriculares desenvolvidos em todos os níveis, etapas e modalidades de educação, desde a educação infantil até à superior.

§ 1º Para garantir o atendimento educacional especializado e o acesso previsto no **caput**, as instituições federais de ensino devem:

I – promover cursos de formação de professores para:

a) o ensino e uso da Libras;

b) a tradução e interpretação de Libras – Língua Portuguesa; e

c) o ensino da Língua Portuguesa, como segunda língua para pessoas surdas;

II – ofertar, obrigatoriamente, desde a educação infantil, o ensino da Libras e também da Língua Portuguesa, como segunda língua para alunos surdos;

III – prover as escolas com:

a) professor de Libras ou instrutor de Libras;

b) tradutor e intérprete de Libras – Língua Portuguesa;

c) professor para o ensino de Língua Portuguesa como segunda língua para pessoas surdas; e

d) professor regente de classe com conhecimento acerca da singularidade linguística manifestada pelos alunos surdos;

IV – garantir o atendimento às necessidades educacionais especiais de alunos surdos, desde a educação infantil, nas salas de aula e, também, em salas de recursos, em turno contrário ao da escolarização;

V – apoiar, na comunidade escolar, o uso e a difusão de Libras entre professores, alunos, funcionários, direção da escola e familiares, inclusive por meio da oferta de cursos;

VI – adotar mecanismos de avaliação coerentes com aprendizado de segunda língua, na correção das provas escritas, valorizando o aspecto semântico e reconhecendo a singularidade linguística manifestada no aspecto formal da Língua Portuguesa;

VII – desenvolver e adotar mecanismos alternativos para a avaliação de conhecimentos expressos em Libras, desde que devidamente registrados em vídeo ou em outros meios eletrônicos e tecnológicos;

VIII – disponibilizar equipamentos, acesso às novas tecnologias de informação e comunicação, bem como recursos didáticos para apoiar a educação de alunos surdos ou com deficiência auditiva.

§ 2º O professor da educação básica, bilíngue, aprovado em exame de proficiência em tradução e interpretação de Libras – Língua Portuguesa, pode exercer a função de tradutor e intérprete de Libras – Língua Portuguesa, cuja função é distinta da função de professor docente.

§ 3º As instituições privadas e as públicas dos sistemas de ensino federal, estadual, municipal e do Distrito Federal buscarão implementar as medidas referidas neste artigo como meio de assegurar atendimento educacional especializado aos alunos surdos ou com deficiência auditiva.

Art. 15. Para complementar o currículo da base nacional comum, o ensino de Libras e o ensino da modalidade escrita da Língua Portuguesa, como segunda língua para alunos surdos, devem ser ministrados em uma perspectiva dialógica, funcional e instrumental, como:

I – atividades ou complementação curricular específica na educação infantil e anos iniciais do ensino fundamental; e

II – áreas de conhecimento, como disciplinas curriculares, nos anos finais do ensino fundamental, no ensino médio e na educação superior.

Art. 16. A modalidade oral da Língua Portuguesa, na educação básica, deve ser ofertada aos alunos surdos ou com deficiência auditiva, preferencialmente em turno distinto ao da escolarização, por meio de ações integradas entre as áreas da saúde e da educação, resguardado o direito de opção da família ou do próprio aluno por essa modalidade.

Parágrafo único. A definição de espaço para o desenvolvimento da modalidade oral da Língua Portuguesa e a definição dos profissionais de Fonoaudiologia para atuação com alunos da educação básica são de competência dos órgãos que possuam estas atribuições nas unidades federadas.

CAPÍTULO V
DA FORMAÇÃO DO TRADUTOR E INTÉRPRETE DE LIBRAS – LÍNGUA PORTUGUESA

Art. 17. A formação do tradutor e intérprete de Libras – Língua Portuguesa deve efetivar-se por meio de curso superior de Tradução e Interpretação, com habilitação em Libras – Língua Portuguesa.

Art. 18. Nos próximos dez anos, a partir da publicação deste Decreto, a formação de tradutor e intérprete de Libras – Língua Portuguesa, em nível médio, deve ser realizada por meio de:

I – cursos de educação profissional;

II – cursos de extensão universitária; e

III – cursos de formação continuada promovidos por instituições de ensino superior e instituições credenciadas por secretarias de educação.

Parágrafo único. A formação de tradutor e intérprete de Libras pode ser realizada por organizações da sociedade civil representativas da comunidade surda, desde que o certificado seja convalidado por uma das instituições referidas no inciso III.

Art. 19. Nos próximos dez anos, a partir da publicação deste Decreto, caso não haja pessoas com a titulação exigida para o exercício da tradução e interpretação de Libras – Língua Portuguesa, as instituições federais de ensino devem incluir, em seus quadros, profissionais com o seguinte perfil:

I – profissional ouvinte, de nível superior, com competência e fluência em Libras para realizar a interpretação das duas línguas, de maneira simultânea e consecutiva, e com aprovação em exame de proficiência, promovido pelo Ministério da Educação, para atuação em instituições de ensino médio e de educação superior;

II – profissional ouvinte, de nível médio, com competência e fluência em Libras para realizar a interpretação das duas línguas, de maneira simultânea e consecutiva, e com aprovação em exame de proficiência, promovido pelo Ministério da Educação, para atuação no ensino fundamental;

III – profissional surdo, com competência para realizar a interpretação de línguas de sinais de outros países para a Libras, para atuação em cursos e eventos.

Parágrafo único. As instituições privadas e as públicas dos sistemas de ensino federal, estadual, municipal e do Distrito Federal buscarão implementar as medidas referidas neste artigo como meio de assegurar aos alunos surdos ou com deficiência auditiva o acesso à comunicação, à informação e à educação.

Art. 20. Nos próximos dez anos, a partir da publicação deste Decreto, o Ministério da Educação ou instituições de ensino superior por ele credenciadas para essa finalidade promoverão, anualmente, exame nacional de proficiência em tradução e interpretação de Libras – Língua Portuguesa.

Parágrafo único. O exame de proficiência em tradução e interpretação de Libras – Língua Portuguesa deve ser realizado por banca examinadora de amplo conhecimento dessa função, constituída por docentes surdos, linguistas e tradutores e intérpretes de Libras de instituições de educação superior.

Art. 21. A partir de um ano da publicação deste Decreto, as instituições federais de ensino da educação básica e da educação superior devem incluir, em seus quadros, em todos os níveis, etapas e modalidades, o tradutor e intérprete de Libras – Língua Portuguesa, para viabilizar o acesso à comunicação, à informação e à educação de alunos surdos.

§ 1º O profissional a que se refere o **caput** atuará:

I – nos processos seletivos para cursos na instituição de ensino;

II – nas salas de aula para viabilizar o acesso dos alunos aos conhecimentos e conteúdos curriculares, em todas as atividades didático-pedagógicas; e

III – no apoio à acessibilidade aos serviços e às atividades-fim da instituição de ensino.

§ 2º As instituições privadas e as públicas dos sistemas de ensino federal, estadual, municipal e do Distrito Federal buscarão implementar as medidas referidas neste artigo como meio de assegurar aos alunos surdos ou com deficiência auditiva o acesso à comunicação, à informação e à educação.

CAPÍTULO VI
DA GARANTIA DO DIREITO À EDUCAÇÃO DAS PESSOAS SURDAS OU COM DEFICIÊNCIA AUDITIVA

Art. 22. As instituições federais de ensino responsáveis pela educação básica devem garantir a inclusão de alunos surdos ou com deficiência auditiva, por meio da organização de:

I – escolas e classes de educação bilíngue, abertas a alunos surdos e ouvintes, com professores bilíngues, na educação infantil e nos anos iniciais do ensino fundamental;

II – escolas bilíngues ou escolas comuns da rede regular de ensino, abertas a alunos surdos e ouvintes, para os anos finais do ensino fundamental, ensino médio ou educação profissional, com docentes das diferentes áreas do conhecimento, cientes da singularidade linguística dos alunos surdos, bem como com a presença de tradutores e intérpretes de Libras – Língua Portuguesa.

§ 1º São denominadas escolas ou classes de educação bilíngue aquelas em que a Libras e a modalidade escrita da Língua Portuguesa sejam línguas de instrução utilizadas no desenvolvimento de todo o processo educativo.

§ 2º Os alunos têm o direito à escolarização em um turno diferenciado ao do atendimento educacional especializado para o desenvolvimento de complementação curricular, com utilização de equipamentos e tecnologias de informação.

§ 3º As mudanças decorrentes da implementação dos incisos I e II implicam a formalização, pelos pais e pelos próprios alunos, de sua opção ou preferência pela educação sem o uso de Libras.

§ 4º O disposto no § 2º deste artigo deve ser garantido também para os alunos não usuários da Libras.

Art. 23. As instituições federais de ensino, de educação básica e superior, devem proporcionar aos alunos surdos os serviços de tradutor e intérprete de Libras – Língua Portuguesa em sala de aula e em outros espaços educacionais, bem como equipamentos e tecnologias que viabilizem o acesso à comunicação, à informação e à educação.

§ 1º Deve ser proporcionado aos professores acesso à literatura e informações sobre a especificidade linguística do aluno surdo.

§ 2º As instituições privadas e as públicas dos sistemas de ensino federal, estadual, municipal e do Distrito Federal buscarão implementar as medidas referidas neste artigo como meio de assegurar aos alunos surdos ou com deficiência auditiva o acesso à comunicação, à informação e à educação.

Art. 24. A programação visual dos cursos de nível médio e superior, preferencialmente os de formação de professores, na modalidade de educação a distância, deve dispor de sistemas de acesso à informação como janela com tradutor e intérprete de Libras – Língua Portuguesa e subtitulação por meio do sistema de legenda oculta, de modo a reproduzir as mensagens veiculadas às pessoas surdas, conforme prevê o Decreto nº 5.296, de 2 de dezembro de 2004.

CAPÍTULO VII
DA GARANTIA DO DIREITO À SAÚDE DAS PESSOAS SURDAS OU COM DEFICIÊNCIA AUDITIVA

Art. 25. A partir de um ano da publicação deste Decreto, o Sistema Único de Saúde – SUS e as empresas que detêm concessão ou permissão de serviços públicos de assistência à saúde, na perspectiva da inclusão plena das pessoas surdas ou com deficiência auditiva em todas as esferas da vida social, devem garantir, prioritariamente aos alunos matriculados nas redes de ensino da educação básica, a atenção integral à sua saúde, nos diversos níveis de complexidade e especialidades médicas, efetivando:

I – ações de prevenção e desenvolvimento de programas de saúde auditiva;

II – tratamento clínico e atendimento especializado, respeitando as especificidades de cada caso;

III – realização de diagnóstico, atendimento precoce e do encaminhamento para a área de educação;

IV – seleção, adaptação e fornecimento de prótese auditiva ou aparelho de amplificação sonora, quando indicado;

V – acompanhamento médico e fonoaudiológico e terapia fonoaudiológica;

VI – atendimento em reabilitação por equipe multiprofissional;

VII – atendimento fonoaudiológico às crianças, adolescentes e jovens matriculados na educação básica, por meio de ações integradas com a área da educação, de acordo com as necessidades terapêuticas do aluno;

VIII – orientações à família sobre as implicações da surdez e sobre a importância para a criança com perda auditiva ter, desde seu nascimento, acesso à Libras e à Língua Portuguesa;

IX – atendimento às pessoas surdas ou com deficiência auditiva na rede de serviços do SUS e das empresas que detêm concessão ou permissão de serviços públicos de assistência à saúde, por profissionais capacitados para o uso de Libras ou para sua tradução e interpretação; e

X – apoio à capacitação e formação de profissionais da rede de serviços do SUS para o uso de Libras e sua tradução e interpretação.

§ 1º O disposto neste artigo deve ser garantido também para os alunos surdos ou com deficiência auditiva não usuários da Libras.

§ 2º O Poder Público, os órgãos da administração pública estadual, municipal, do Distrito Federal e as empresas privadas que detêm autorização, concessão ou permissão de serviços públicos de assistência à saúde buscarão implementar as medidas referidas no art. 3º da Lei nº 10.436, de 2002, como meio de assegurar, prioritariamente, aos alunos surdos ou com deficiência auditiva matriculados nas redes de ensino da educação básica, a atenção integral à sua saúde, nos diversos níveis de complexidade e especialidades médicas.

CAPÍTULO VIII
DO PAPEL DO PODER PÚBLICO E DAS EMPRESAS QUE DETÊM CONCESSÃO OU PERMISSÃO DE SERVIÇOS PÚBLICOS, NO APOIO AO USO E DIFUSÃO DA LIBRAS

Art. 26. A partir de um ano da publicação deste Decreto, o Poder Público, as empresas concessionárias de serviços públicos e os órgãos da administração pública federal, direta e indireta devem garantir às pessoas surdas o tratamento diferenciado, por meio do uso e difusão de Libras e da tradução e interpretação de Libras – Língua Portuguesa, realizados por servidores e empregados capacitados para essa função, bem como o acesso às tecnologias de informação, conforme prevê o **Decreto nº 5.296, de 2004.**

§ 1º As instituições de que trata o **caput** devem dispor de, pelo menos, cinco por cento de servidores, funcionários e empregados capacitados para o uso e interpretação da Libras.

§ 2º O Poder Público, os órgãos da administração pública estadual, municipal e do Distrito Federal, e as empresas privadas que detêm concessão ou permissão de serviços públicos buscarão implementar as medidas referidas neste artigo como meio de assegurar às pessoas surdas ou com deficiência auditiva o tratamento diferenciado, previsto no **caput**.

Art. 27. No âmbito da administração pública federal, direta e indireta, bem como das empresas que detêm concessão e permissão de serviços públicos federais, os serviços prestados por servidores e empregados capacitados para utilizar a Libras e realizar a tradução e interpretação de Libras –Língua Portuguesa estão sujeitos a padrões de controle de atendimento e a avaliação da satisfação do usuário dos serviços públicos, sob a coordenação da Secretaria de Gestão do Ministério do Planejamento, Orçamento e Gestão, em conformidade com o **Decreto nº 3.507, de 13 de junho de 2000.**

Parágrafo único. Caberá à administração pública no âmbito estadual, municipal e do Distrito Federal disciplinar, em regulamento próprio, os padrões de controle do atendimento e avaliação da satisfação do usuário dos serviços públicos, referido no **caput**.

CAPÍTULO IX
DAS DISPOSIÇÕES FINAIS

Art. 28. Os órgãos da administração pública federal, direta e indireta, devem incluir em seus orçamentos anuais e plurianuais dotações destinadas a viabilizar ações previstas neste Decreto, prioritariamente as relativas à formação, capacitação e qualificação de professores, servidores e empregados para o uso e difusão da Libras e à realização da tradução e interpretação de Libras – Língua Portuguesa, a partir de um ano da publicação deste Decreto.

Art. 29. O Distrito Federal, os Estados e os Municípios, no âmbito de suas competências, definirão os instrumentos para a efetiva implantação e o controle do uso e difusão de Libras e de sua tradução e interpretação, referidos nos dispositivos deste Decreto.

Art. 30. Os órgãos da administração pública estadual, municipal e do Distrito Federal, direta e indireta, viabilizarão as ações previstas neste Decreto com dotações específicas em seus orçamentos anuais e plurianuais, prioritariamente as relativas à formação, capacitação e qualificação de professores, servidores e empregados para o uso e difusão da Libras e à realização da tradução e interpretação de Libras – Língua Portuguesa, a partir de um ano da publicação deste Decreto.

Art. 31. Este Decreto entra em vigor na data de sua publicação.

Brasília, 22 de dezembro de 2005; 184º da Independência e 117º da República.

LUIZ INÁCIO LULA DA SILVA
Fernando Haddad

Orientações para o estudante

Princípios gerais para o estudante

Para que o aluno alcance um nível razoável em seu desempenho comunicativo, precisará ter o desejo e a oportunidade de se comunicar em LIBRAS, por isso as orientações metodológicas a seguir servirão dos seguintes princípios gerais que nortearão o ensino/a aprendizagem desta língua:

- **Evite falar durante as aulas:** em razão de as línguas de sinais utilizarem o canal gestual-visual, muitos alunos ouvintes ficam tentados a falar em sua língua enquanto tentam formular uma palavra ou frase na língua que estão aprendendo. Essa atitude pode ocasionar um ruído na comunicação, ou seja, uma interferência mútua de códigos, que prejudica o processo de aprendizagem de uma segunda língua, já que cada uma tem a sua própria estrutura. Tente "esquecer" sua língua oral-auditiva quando estiver formulando frases em LIBRAS. O aprendizado de uma segunda língua pode ter o suporte da primeira para se compreender e comparar as gramáticas das duas línguas, mas, quando se está estruturando uma frase, tente "pensar" em LIBRAS.

- **Use a escrita ou expressões corporais para se expressar:** em um primeiro momento, por causa do fato de não se ter ainda um domínio da língua, o aluno, motivado por uma insegurança natural, é tentado a usar sua língua para perguntar ao professor ou aos seus colegas o que não consegue apreender de imediato. Uma alternativa, para evitar esta interferência, é a comunicação através da datilologia, da escrita, ou tentar a utilização de expressões corporal e facial a partir do contexto, recursos utilizados pelos próprios surdos ao se comunicarem com ouvintes, que não conseguem compreendê-los, quando se expressam oralmente, ou não sabem língua de sinais. Tente sempre se expressar em LIBRAS, o professor entenderá sua comunicação e o induzirá aos sinais que serão necessários para a situação comunicativa que deseja se expressar.
- **Não tenha receio de errar:** o erro não deve ser entendido como falha, mas como um processo de aprendizagem. Tenha segurança em si mesmo. Na comunicação sempre o erro está presente, mas o contexto ajuda a perceber a intenção comunicativa e o professor ou o colega poderá ajudar a encontrar a forma adequada para a situação. Pense na mensagem que se quer transmitir e não nas palavras isoladamente.
- **Desperte a atenção e memória visuais:** como os falantes de línguas orais-auditivas desenvolvem geralmente mais atenção e memória auditivas, é necessário um esforço para o desenvolvimento da percepção visual do mundo – um olhar, uma expressão facial, sutis mudanças na configuração das mãos são traços que podem alterar o sentido da mensagem.
- **Sempre fixe o olhar na face do emissor da mensagem:** as línguas de sinais são articuladas em um espaço neutro à frente do emissor, mas como as expressões facial e corporal podem especificar tipos de frases e expressões adverbiais, é preciso estar atento ao sentido dos sinais no contexto em que estão colocados. O importante é a frase e não o sinal isolado. É, também, considerado falta de educação o desviar o olhar durante a fala de alguém pois representa desinteresse no assunto.
- **Atente-se para tudo que está acontecendo durante a aula:** preste atenção nas orientações e conversas do professor com outro aluno e nas atividades feitas pelos seus colegas de classe. Tudo é aprendizagem.
- **Demonstre envolvimento pelo que está sendo apresentado:** através de aceno de cabeça, expressão facial e certos sinais, o receptor demonstra ao emissor da mensagem que está interessado, compreendendo e que este pode continuar sua fala (função fática da linguagem).

- **Comunique-se com seus colegas de classe, em LIBRAS, mesmo em horário extraclasse ou em outros contextos:** assim pode-se sempre exercitar e apreender as vantagens de se saber uma língua de sinais em certas situações nas quais se quer falar a distância, o som atrapalha ou mesmo a mensagem deve ser sigilosa.
- **Envolva-se com as comunidades surdas:** como todo aprendizado de língua, o envolvimento com cultura e os usuários é importantíssimo, portanto, não basta ir às aulas e revê-las através da fita de vídeo, é preciso também buscar um convívio com os surdos para poder interagir em LIBRAS e, consequentemente, ter um melhor desempenho linguístico.

Sumário

Parte 1 - Libras — 25

1 A Língua Brasileira de Sinais – LIBRAS — 27

2 O Bilinguismo na educação de Surdos — 31
    Conclusão — 33

3 Comunidade surda — 35
    O Início das Organizações Surdas — 35
    Comunidade Surda – Origem das Associações de Surdos no Brasil — 37
    Cultura surda — 39
    As diferenças humanas — 39
    A questão multicultural surda — 40
    Identidade surda — 41

4 Cultura e comunidade surda — 43

5 As comunidades surdas do Brasil — 45

6 Aspectos clínicos da surdez — 49
    Deficiente auditivo, surdo ou surdo-mudo? — 49

A perda de audição	50

PARTE 2 - GRAMÁTICA — 51

7 SISTEMA DE TRANSCRIÇÃO PARA A LIBRAS — 53

8 SISTEMA PRONOMINAL — 59
(1) Pronomes pessoais	59
(2) Pronomes possessivos	63
(3) Pronomes demonstrativos e advérbios de lugar	63
(4) Pronomes possessivos	64
(5) Pronomes interrogativos	64

9 NUMERAL — 67
(1) Numerais cardinais	67
(2) Numerais ordinais	68
(3) Utilização dos numerais para valores monetários	70

10 TIPOS DE FRASES NA LIBRAS — 73
(1) Tipos de frases	73
(2) Pronomes e expressões interrogativas	78

11 ADVÉRBIOS E MARCA DE TEMPO — 81
(1) Advérbios de tempo	81
(2) Expressões idiomáticas relacionadas ao ano sideral	82
(3) Direção / perspectiva	83

12 COMUNICAÇÃO, TRABALHO E ATIVIDADES — 87
(1) Sinais relacionados a meios de comunicação e trabalho	87
Meios de comunicação	87
Passar	89
Enviar	90
Receber	90
Avisar	91
Informar / avisar / divulgar	91
Esperar	92
Demitir	93
Aposentar	93
Acabar	94
Admitir	95
Ficar	95
Sair	96

Aprovar	96
Reprovar	97
Cancelar	97

13 Pronomes — 99
(1) Pronomes interrogativos — 99
(2) Pronomes indefinidos — 101
    Pronomes indefinidos e quantificadores — 102

14 Adjetivos — 103
(1) Adjetivos na LIBRAS — 103
(2) Comparativo de igualdade, superioridade e inferioridade — 105

15 Advérbios — expressões temporais — 107
(1) Advérbios de tempo (frequência) — 107
    Expressões e advérbio de tempo / frequência — 108

16 Morfemas — 109
(1) Os parâmetros também podem ser morfemas na LIBRAS — 109
(2) A incorporação da negação — 110
(3) Sinais em contextos — 111

17 Verbos — 113
(1) Os tipos de verbos na LIBRAS — 113
    Exemplos de verbos de movimentos e locomoção — 114

18 Classificadores — 117
(1) Os classificadores e os adjetivos descritivos na LIBRAS — 117

Parte 3 - Vocabulário — 119

19 Família — 121

20 Calendário — 137

21 Cores — 153

22 Alimentos — 163

23 Frutas — 185

24 Casa — 201

25 Material escolar	221
26 Meios de transporte	237
27 Adjetivos	247
28 Local	265
29 Financeiro	275
30 Verbos	287

Parte 4 - Leitura complementar — 319

31 História dos surdos no mundo — 321
- Associativismo — 325
- Congresso de Milão — 326
- Durante o século XX — 328

32 Histórico dos surdos no Brasil — 331

Referências — 335
- Bibliografia consultada — 335
- Livros com DVD — 336
- Filmes — 337
- Fontes adaptadas — 338

Parte 1
Libras

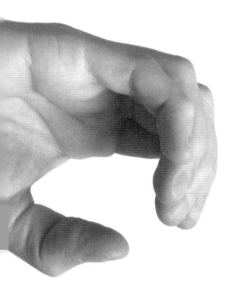

A Língua Brasileira de Sinais – LIBRAS

Muitas pessoas acreditam que as línguas de sinais são somente um conjunto de gestos que interpretam as línguas orais.

Pesquisas sobre as línguas de sinais vêm mostrando que essas línguas são comparáveis em complexidade e expressividade a quaisquer línguas orais. Estas línguas expressam ideias sutis, complexas e abstratas. Os seus usuários podem discutir filosofia, literatura ou política, além de esportes, trabalho, moda e utilizá-las com função estética para fazer poesias, contar estórias, criar peças de teatro e humor.

Como toda língua, as línguas de sinais aumentam seus vocabulários com novos sinais introduzidos pelas comunidades surdas em resposta às mudanças culturais e tecnológicas. Assim a cada necessidade surge um novo sinal e, desde que se torne aceito, será utilizado pela comunidade.

Acredita-se também que somente exista uma língua de sinais no mundo, mas assim como as pessoas ouvintes em países diferentes falam diferentes línguas, também as pessoas surdas por toda parte do mundo, que estão inseridas em "Culturas Surdas", possuem suas próprias línguas, existindo, portanto, muitas línguas de sinais diferentes, como: Língua de Sinais Francesa, Portuguesa, Americana, Argentina, Inglesa, Italiana, Japonesa, Russa, Urubus-Kaapor, citando apenas algumas. Essas línguas são diferentes uma das outras e independem das línguas orais-auditivas utilizadas nesses e em outros países, por exemplo: o Brasil e Portugal possuem a mesma língua oficial, o português, mas as línguas de sinais desses países são diferentes. O mesmo acontece com os Estados Unidos e a Inglaterra, entre outros. Também pode acontecer que uma mesma língua de sinais seja utilizada por dois países, como é o caso da língua de sinais americana que é usada pelos surdos dos Estados Unidos e do Canadá.

Embora cada língua de sinais tenha sua própria estrutura gramatical, surdos de países com línguas de sinais diferentes comunicam-se com mais facilidade uns com os outros, fato que não ocorre entre falantes de línguas orais, que necessitam de um tempo bem maior para um entendimento. Isso se deve à capacidade que as pessoas surdas têm em desenvolver e aproveitar gestos e pantomimas para a comunicação e estarem atentas às expressões faciais e corporais das pessoas e devido ao fato de essas línguas terem muitos sinais que se assemelham às coisas representadas.

No Brasil, as comunidades surdas urbanas utilizam a LIBRAS, mas além dela, há registros de uma outra língua de sinais que é utilizada pelos índios Urubus-Kaapor na Floresta Amazônica. Muitas pessoas acreditam que a LIBRAS é o português feito com as mãos, que os sinais substituem as palavras desta língua, e que ela é uma linguagem como à linguagem das abelhas ou do corpo, como a mímica. Entre as pessoas que acreditam que a LIBRAS é realmente uma língua, há algumas que pensam que ela é limitada e expressa apenas informações concretas, e que não é capaz de transmitir ideias abstratas.

Esses mitos precisam ser desfeitos porque a LIBRAS, como toda língua de sinais, é uma língua de modalidade gestual-visual que utiliza, como canal ou meio de comunicação, movimentos gestuais e expressões faciais que são percebidos pela visão; portanto, diferencia da Língua Portuguesa, uma língua de modalidade oral-auditiva, que utiliza, como canal ou meio de comunicação, sons articulados que são percebidos pelos ouvidos. Mas as diferenças não estão somente na utilização de canais diferentes, estão também nas estruturas gramaticais de cada língua.

Embora com as diferenças peculiares a cada língua, todas as línguas possuem algumas semelhanças que as identificam como língua e não como linguagem, como é o caso da linguagem das abelhas, dos golfinhos, dos macacos, enfim, a comunicação dos animais.

Uma semelhança entre as línguas é que todas são estruturadas a partir de unidades mínimas que formam unidades mais complexas, ou seja, todas possuem os seguintes níveis linguísticos: o fonológico, o morfológico, o sintático e o semântico.

No nível fonológico, estão os fonemas. Os fonemas só têm valor contrastivo, não têm significado mas, a partir das regras de cada língua, eles se combinam para formar os morfemas e estes as palavras.

Na língua portuguesa, por exemplo, os fonemas /m/n/s/a/e/i/ podem se combinar e formar a palavra "meninas".

No nível morfológico, essa palavra é formada pelos morfemas {menin-} {-a} {-s}. Diferentemente dos fonemas, cada um desses morfemas tem um significado: {menin-} é o radical desta palavra e significa "criança", "não adulto", o morfema {-a} significa "gênero feminino" e o morfema {-s} significa "plural".

No nível sintático, essa palavra pode se combinar com outras para formar a frase, que precisa ter um sentido em coerência com o significado das palavras em um contexto, o que corresponde aos níveis semântico (significado) e pragmático (sentido no contexto: em que estão sendo utilizadas as palavras) respectivamente. Assim no nível semântico permeia o morfossintático.

Outra semelhança entre as línguas é que os usuários de qualquer língua podem expressar seus pensamentos diferentemente, por isso uma pessoa que fala uma determinada língua utiliza essa língua de acordo com o contexto e o modo de se falar com um amigo não é igual ao de se falar com uma pessoa estranha, assim, quando se aprende uma língua está aprendendo também a utilizá-la a partir do contexto.

Outra semelhança também é que todas as línguas possuem diferenças quanto ao seu uso em relação à região, ao grupo social, à faixa etária e ao gênero. O ensino oficial de uma língua sempre trabalha com a norma culta, a norma padrão, que é utilizada na forma escrita e falada e sempre toma alguma região e um grupo social como padrão.

Ao se atribuir às línguas de sinais o status de língua é porque elas, embora sendo de modalidade diferente, possuem também essas características em relação às diferenças regionais, socioculturais, entre outras, e em relação às suas estruturas porque elas também são compostas pelos níveis descritos acima.

O que é denominado de palavra ou item lexical nas línguas orais-auditivas, são denominados sinais nas línguas de sinais.

Os sinais são formados a partir da combinação do movimento das mãos com um determinado formato em um determinado lugar, podendo esse lugar ser uma parte do corpo ou um espaço em frente ao corpo. Estas articulações das mãos, que podem ser comparadas aos fonemas e às vezes aos morfemas, são chamadas de parâmetros. Nas línguas de sinais, podem ser encontrados os seguintes parâmetros:

- **Configuração das mãos:** são formas das mãos, que podem ser da datilologia (alfabeto manual) ou outras formas feitas pela mão predominante (mão direita para os destros), ou pelas duas mãos de emissor ou sinalizador. Os sinais APRENDER, LARANJA e AMOR têm a mesma configuração de mão e são realizados na testa, na boca e no lado esquerdo do peito, respectivamente.
- **Ponto de articulação:** é o lugar onde incide a mão predominante configurada, podendo essa tocar alguma parte do corpo ou estar em um espaço neutro vertical (do meio do corpo até a cabeça) e horizontal (à frente do emissor). Os sinais TRABALHAR, BRINCAR e CONSERTAR são feitos no espaço neutro e os sinais ESQUECER, APRENDER e PENSAR são realizados na testa.
- **Movimento:** os sinais podem ter um movimento ou não. Os sinais citados acima têm movimento, com exceção de PENSAR que, como os sinais AJOELHAR e EM-PÉ, não tem movimento.
- **Orientação/Direcionalidade:** os sinais têm uma direção com relação aos parâmetros acima. Assim os verbos IR e VIR se opõem em relação à direcionalidade, como os verbos SUBIR e DESCER, ACENDER e APAGAR, ABRIR-PORTA e FECHAR-PORTA.
- **Expressão facial e/ou corporal:** muitos sinais, além dos quatro parâmetros mencionados acima, em sua configuração têm como traço diferenciador também a expressão facial e/ou corporal, como os sinais ALEGRE e TRISTE. Há sinais feitos somente com a bochecha como LADRÃO, ATO-SEXUAL; sinais feitos com a mão e expressão facial, como o sinal BALA, e há ainda sinais em que sons e expressões faciais complementam os traços manuais, como os sinais HELICÓPTERO e MOTO.

Na combinação desses quatro parâmetros, ou cinco, tem-se o sinal. Falar com as mãos é, portanto, combinar esses elementos para formarem as palavras e essas formarem as frases em um contexto.

2

O Bilinguismo na educação de Surdos[1]

Myrna Salerno [2]

Primeiro eu quero esclarecer melhor a definição da filosofia educacional para o surdo, o Bilinguismo. Existem dois tipos: o social e o individual.

O social diz respeito à necessidade de os surdos aprenderem a língua do país onde vivem. Exemplo: A pessoa ouvinte que mora nos EUA e fala inglês porque é a língua do país. O Surdo que vive no Brasil e fala o português porque é a língua do país. Certo? Por causa das famílias ouvintes 95% são filhos de pais ouvintes e 5% são filhos de pais surdos.

O individual está relacionado ao livre arbítrio para aprender qualquer língua. Exemplo: A pessoa ouvinte deseja aprender a língua francesa, japonesa. A Libras também não é obrigatória. O Surdo pode aprender a língua portuguesa se quiser, não é obrigatório.

Quanto ao aprendizado da primeira língua e da segunda pelos surdos, as pessoas confundem muito porque acham que os surdos deveriam aprender primeiro a língua do país, ou seja, a língua portuguesa, isso que está aconte-

---
[1] Fonte: http://saci.org.br/?modulo=akemi&parametro=5473
[2] É professora e pesquisadora da Universidade Federal do Rio de Janeiro – UFRJ e também participa do Grupo de Pesquisa e Cultura Surda da Federação Nacional de Educação e Integração dos Surdos – Feneis.

cendo até hoje. No Brasil, a primeira língua para os surdos é a Língua Brasileira de Sinais – Libras e a segunda é o português, ou seja, o Bilinguismo.

Há especialistas e oralizados que defendem o contrário, isto é, que a primeira língua seja o português e a segunda a LIBRAS. Vários surdos foram treinados para falar o português desde pequenos e por causa da proibição do uso da Libras não aprenderam. Assim, os surdos dominam parcialmente o português, isto é, falam com muita dificuldade, são dificilmente compreendidos pelos ouvintes e escrevem como se fossem "estrangeiros".

Perguntaria se os surdos possuem uma língua materna. A resposta seria não, portanto, os surdos aprenderam com família e escolas de outras filosofias educacionais tais como, o Oralismo e a Comunicação Total, que os ensinavam surdos a se oralizarem, a aprenderem a língua portuguesa, ou seja, a língua materna social (da sociedade).

Essa tarefa não é fácil e às vezes é muito lenta. A criança surda deveria ser colocada diariamente em contato com um adulto surdo fluente em Libras.

Eu acredito que é a língua materna em linguística, pois as crianças surdas, filhas de pais surdos têm um melhor desempenho acadêmico e psicológico do que as crianças surdas filhas de pais ouvintes, por isso, devemos entender que as crianças surdas, filhas de pais ouvintes deverão ter sempre contato com os adultos surdos, aprendendo sobre as experiências de vida de um adulto, adquirindo a linguagem espontânea.

"Para atingir uma boa educação para as crianças surdas, os pais ouvintes precisarão de muita ajuda de um adulto surdo. Aprendendo sobre experiência de vida de um adulto, esses pais podem desenvolver uma imagem positiva de si próprios que refletirá no futuro de seus filhos." (Jim Kylle, 1994).

Os adultos surdos representam as regras e os modelos linguísticos da Língua de Sinais, uma língua natural e própria dos surdos. Eles funcionam como os falantes da língua materna em Linguística, dividindo com a criança os seus métodos de comunicação e suas identidades culturais.

A criança surda iria aprendendo o português gradativamente, sendo que a partir dos três anos seria dada grande ênfase à escrita. Mas devemos lembrar que o canal natural para o ensino / a aprendizagem do surdo é o visual.

Acredito que o bom desempenho em Libras não irá facilitar a pronúncia das palavras e orações da língua portuguesa, mas o seu desenvolvimento cognitivo é equivalente ao do ouvinte.

Todas as disciplinas (história, geografia etc.) devem ser ensinadas em Libras, sendo essa a língua materna dos surdos. O professor surdo ensinará muito mais conteúdo de cada uma das disciplinas do que se tentasse ministrar suas aulas em português. Para isso, é necessário que o professor seja fluente em Libras.

Conclusão

Como no Brasil a formação acadêmica dos surdos não é o forte, há surdos que são formados nas faculdades, mas não são concursados nas universidades, ou seja, não têm ainda a formação de Mestre ou Doutor. São poucos... a falta de professores fluentes em Libras em todas as disciplinas nas faculdades e também a falta de intérpretes, da sua formação nas universidades etc. Isso impede os surdos de continuarem os seus estudos e de ensinarem no futuro.

A política do Brasil é muito complexa, pois a educação no país é encaminhada por meio do Ministério da Educação e da Cultura, que repassa para as universidades e depois para as escolas federais, estaduais e municipais.

Somente os professores acadêmicos, formados com mestrado e ou doutorado, poderão ser aceitos. Sem formação, não são aceitos.

Nós surdos estamos sempre com os professores linguistas, principalmente os que defendem o Bilinguismo e a Identidade Surda. Por isso, devemos agradecer àquelas pessoas, ou seja, a professora Lucinda Ferreira Brito, que foi a pioneira e defendia o Bilinguismo aqui no Brasil, na época das filosofias educacionais nas escolas de Oralismo e Comunicação Total. Depois a Tanya Amara Felipe e os demais professores e educadores.

Nós precisamos continuar lutando e pesquisando a Libras através de filmagens, com os materiais didáticos já estruturados. A pesquisa do grupo dos surdos no Rio de Janeiro e outros estados foi ampliando e tendo muitos instrutores e multiplicadores no Brasil, com os materiais didáticos prontos para o país. (Libras em contexto, CDs, fitas de vídeo etc.).

3

COMUNIDADE SURDA[1]

O Início das Organizações Surdas

O ano de 1834 pode ser dito como uma grande época de início das organizações surdas. Nos banquetes que as comunidades surdas realizavam na época, falavam muito do "povo surdo" e da "nação surda", enquanto a expressão "comunidade surda" teve origem mais recente. O elo que distingue a comunidade surda de outras comunidades e faz que a comunidade surda determine a marcação simbólica de sua diferença, não pela nacionalidade, classe, raça, etnia, mas pela cultura.

> Para o movimento surdo, contam as instâncias que afirmam a busca do direito do indivíduo surdo em ser diferente em questões sociais, políticas e econômicas que envolvem o mundo do trabalho, da saúde, da educação, do bem-estar social. (PERLIN, 1998)

---

[1] Fonte: Extraído de Palestra: História dos surdos no Brasil, Éricka Viviene Faria Macedo http://www.pucminas.br/nai/noticias.php?id=41edo

Isso é bastante comum entre os grupos minoritários. E a tendência a buscar aspectos simbólicos que possibilitem a diferenciação como uma das discussões centrais entre o essencialismo e o não essencialismo.

Essencialismo: pode fundamentar suas afirmações tanto na história quanto na biologia; por exemplo, certos movimentos políticos podem buscar alguma certeza na afirmação da identidade apelando seja à verdade fixa de um passado partilhado, seja às verdades biológicas. O corpo é um dos locais envolvidos no estabelecimento das fronteiras que definem quem nós somos, servindo de fundamento para a identidade.

É importante notar que essa busca do essencialismo, em alguns aspectos, torna-se bastante insistente; em outros, ela é mais amena. Isso tudo é importante, pois sempre há espaço para trocas com a comunidade ouvinte.

Sobre a designação de povo e nação surda, os surdos formam um povo sem território e que seus clubes tomam esse lugar, e eles se sentem em sua casa, no lugar onde eles dominam.

Essa história de "povo surdo" começou em 1834, no momento em que os professores surdos Ferdinand Berthier (membro da Sociedade dos Homens de Letra de Paris, escritor brilhante e professor do Instituto Nacional de Paris) e Lenoir (colega de Ferdinand, mais tarde seria diretor da Escola de Lyon, na França) decidiram mobilizar os surdos. reuniram-se dez surdos, entre eles: Peysson de Montpelier e Mosca (pintores; há quadros de Peyson no Museu Histórico de Versailles na França). Se o objetivo era festejar o aniversário de nascimento do abade de L'Epée, mais tarde já se constituía uma reunião de sessenta surdos entre professores, pintores, gravadores e empregados. Eram surdos foragidos da elite da sociedade hegemônica, contudo eram surdos bastante capacitados e eficientes, eram representantes privilegiados da comunidade surda.

Aos poucos, as associações foram tomando forma. De início, aqueles surdos narravam entre si suas conquistas sociais, suas capacidades e suas aptidões. É bastante certo que esses encontros provocaram mudanças como a redescoberta do passado, ou seja, da forma como aprenderam a língua de sinais e como, a partir dela, posicionavam-se socialmente. Aos poucos, eles foram percebendo suas necessidades e criando as Associações, que, mais tarde, espalharam-se pelo mundo.

Comunidade Surda – Origem das Associações de Surdos no Brasil

Numa viagem ao exterior, o professor ouvinte Dr. Brasil Silvado Júnior entrou em contato com as associações de surdos dos países da Europa e trouxe a ideia de fundar a primeira associação de surdos do Brasil, no Rio de Janeiro. Segundo a revista *Ephaphatha* (1915), a ideia foi bem acolhida entre os surdos. Na primeira reunião para a organização dessa associação de surdos, em 24 de maio de 1913, foi registrada a presença de quase todos os surdos residentes no Rio. Dessa forma, iniciou a estruturação da Associação Brasileira de Surdos-Mudos. Nesse período, ao mesmo tempo em que os surdos se organizavam, também surgia, no Distrito Federal (atualmente o estado de Rio de Janeiro), com sua força avassaladora, as ideias do oralismo, cujo resultado final culminou com o controle dessa associação pelos ouvintes.

Em 16 de maio de 1953, uma outra associação denominada "Associação Alvorada de Surdos" surgiu no Rio de Janeiro. Era uma organização especial para um grupo de surdos oralizados da classe alta, da qual os surdos pobres e sinalizantes não podiam participar. A presidente dessa associação era a senhora Ivete Vasconcelos, famosa professora-ouvinte e adepta do oralismo, entretanto ela, bem mais tarde, aderiu às ideias da comunicação total e também aos ideais de Gallaudet, porém, com a sua morte, assumiu a presidência dessa associação o padre Vicente de Paulo Penido Burnier que, por quase dezoito anos, esteve à sua frente. Essa associação mantém suas atividades até hoje, mas a grande diferença dos movimentos iniciados pelos surdos no Brasil está nas Associações de Surdos fundadas pelas lideranças surdas, que inauguraram um novo capítulo nas relações políticas entre surdos e ouvintes.

Em 1950, na cidade de São Paulo, alguns surdos que tinham liderança e ex-alunos do INES, costumavam encontrar-se para um bate-papo na praça da Matriz ou em alguma rua-ponto, independentemente de sua classe social. Essa prática teve sua origem com os alunos do INES, que se reuniam para conversar quando saíam das aulas. Tal comportamento se justificava principalmente pela possibilidade de trocarem informações na sua própria língua, sem o controle dos ouvintes e, também, pelo prazer de estarem juntos. Sempre que um surdo tinha tempo disponível, ele procurava se reunir com outros surdos em algum ponto de encontro.

Naquele período, também existiam as atividades de esporte, porém elas eram realizadas em conjunto com ouvintes porque tinham dificuldade para encontrar espaços para praticarem esportes entre si. Esses grupos, apesar de se reunirem permanentemente para um bom "bate-papo", não tinham ideia da existência das Associações de Surdos.

Essa reunião de surdos nas ruas de São Paulo não está distante da história dos surdos de todas as capitais e cidades brasileiras. Quase todas as Associações de Surdos, hoje, têm o início de sua história nas reuniões em algum ponto de encontro, tanto nas ruas quanto nas praças. São raras as Associações de Surdos que iniciaram suas atividades na casa de surdos ou de algum ouvinte.

O início da Associação de Surdos de São Paulo deu-se por causa de uma viagem de passeio a Buenos Aires realizada por um surdo (Armando Melloni) que participava de um desses grupos de encontro em Campinas, São Paulo. Nessa viagem, ele conheceu surdos da Argentina que participavam de uma Associação (Associocion dos Sordosmudos Ayuda Mutua, primeira associação fundada da América Latina, originada nas comunidades surdas da França) que funcionava na capital argentina. Convidado a conhecê-la, constatou que os surdos tinham um espaço próprio para a associação. No retorno de sua viagem, esse surdo de Campinas relatou a sua experiência para os grupos de surdos que se encontravam nas ruas. Ao mesmo tempo em que ficaram admirados com a notícia, também tomaram a iniciativa de fazer contato com a diretoria dessa Associação, trazendo para o Brasil a sua forma de ver a organização dos surdos. Assim, os surdos de São Paulo fundaram a primeira Associação realmente de surdos no Brasil.

Ao ser fundada, em 19 de março de 1954, a Associação de Surdos de São Paulo passou a ter como meta criar novas associações, nos mesmos moldes, em outros estados do país. Dessa forma, em janeiro de 1955, foi fundada a Associação dos Surdos do Rio de Janeiro e, em 30 de abril de 1956, a Associação dos Surdos de Minas Gerais.

Engajado nesse novo projeto de construção de Associações de surdos pelo Brasil afora, estava o professor Francisco de Lima Júnior, de Santa Catarina que, a exemplo dos outros surdos, fundou, em 1955, o Círculo dos Surdos em Florianópolis, além de colaborar com Salomão Watnick na fundação da Associação dos Surdos de Porto Alegre.

Segundo o surdo Dellatore, "as Associações de Surdos, além de funcionarem como ponto para encontro esportivo dos surdos, funcionavam também como divulgadoras da língua de sinais e como identificadoras da capacidade do surdo como cidadão", apud FENEIS, 2002.

A Comunidade Surda Brasileira comemora, 26 de setembro, o Dia Nacional do Surdo, data em que são relembradas as lutas históricas vividas por melhores condições de vida, trabalho, educação, saúde, dignidade e cidadania, bem como pelo pleno reconhecimento da Língua Brasileira de Sinais e da cultura surda em todas as instâncias sociais. Esse dia é sugerido pelo fato de essa data lembrar a inauguração da primeira escola para surdos no país em 1857, com o nome de Instituto Nacional de Surdos Mudos do Rio de Janeiro, atual INES – Instituto Nacional de Educação de Surdos.

Cultura surda

Com o passar do tempo, nos grupos humanos, forma-se um conjunto de pessoas, resultante das experiências de seus membros e todas postas em comum. Ao conjunto das imposições de conviver de um grupo é chamado "Cultura". Numa visão antropológica, é um conjunto sobredeterminado de valores, pelos quais um grupo de sujeitos, mesmo que mantidas diferenças individuais, pratica um mesmo modo de refletir sobre si mesmo e sobre o universo, podendo, assim, viver junto, partilhando crenças e costumes comuns. É aprendida socialmente.

Ao longo dos séculos, os surdos foram formando uma cultura própria centrada principalmente em sua forma sinalizada de comunicação, com modelo cultural diferente dos ouvintes. Entende-se cultura surda como a identidade cultural de um grupo de surdos que se define enquanto grupo diferente de outros grupos.

Do ponto de vista social e familiar, surgem problemas de origens comuns que são vistos sob dois aspectos, o preconceito social e a presença de um diferente sobre o dinamismo familiar, decorrendo daí as causas que têm gerado a formação de organizações próprias de surdos em defesa de uma causa comum. Em quase todas as cidades do mundo, vamos encontrar associações de surdos onde eles se reúnem e convivem socialmente. Se houver uma na sua cidade, não perca a oportunidade de visitá-la e praticar a língua de sinais e conhecer a sua interessante cultura.

As diferenças humanas

Os ouvintes são acometidos pela crença de que ser ouvinte é melhor que ser surdo, pois, na ótica ouvinte, ser surdo é o resultado da perda de uma habilidade "disponível" para a maioria dos seres humanos. No entanto, essa parece ser uma questão de mero ponto de vista.

Segundo Montesquieu (apud Maupassant, 1997, p. 56-7), um órgão a mais ou a menos em nossa máquina teria feito de nós uma outra inteligência. Maupassant, em seu conto *Carta de um louco*, reflete sobre a tese acima, defendendo que:

> todas as ideias de proporção são falsas, já que não há limite possível, nem para a grandeza nem para a pequenez (...) a humanidade poderia existir sem a audição, sem o paladar e sem o olfato, quer dizer, sem nenhuma noção do ruído, do sabor e do odor. Se tivéssemos, portanto, alguns órgãos a menos, ignoraríamos coisas admiráveis e singulares; mas se tivéssemos alguns órgãos a mais, descobriríamos em torno de nós uma infinitude de outras coisas de que nunca suspeitaremos por falta de meios de constatá-las.

Se não há limite entre a grandeza e a pequenez, e nenhum ser humano é exatamente igual a outro, podemos concluir que ser surdo não é melhor nem pior que ser ouvinte, mas diferente. É por não se tratar necessariamente de uma perda, mas de uma diferença, que muitos surdos, especialmente os congênitos, não têm a sensação de perda auditiva. Os surdos sem o sentimento de perda auditiva são levados a descobrir a surdez.

Quebrar o paradigma da deficiência é enxergar as restrições de ambos: surdos e ouvintes. Por exemplo, enquanto um surdo não conversa no escuro, o ouvinte não conversa debaixo d'água; em local barulhento, o ouvinte não consegue se comunicar, a menos que grite e, nesse caso, o surdo se comunica sem problemas. Além disso, o ouvinte não consegue comer e falar ao mesmo tempo, educadamente, e sem engasgar, enquanto o surdo não sofre essa restrição. Se consideramos que os surdos não são "ouvintes com defeito", mas pessoas diferentes, estaremos aptos a entender que a diferença física entre pessoas surdas e pessoas ouvintes gera uma visão não limitada, não determinística de uma pessoa ou de outra, mas uma visão diferente de mundo, um "jeito Ouvinte de ser" e um "jeito Surdo de ser", que nos permite falar numa cultura de visão e noutra da audição.

A QUESTÃO MULTICULTURAL SURDA

Todavia, pelo fato de surdos e ouvintes encontrarem-se imersos, normalmente, no mesmo espaço físico e partilharem de uma cultura ditada pela maioria ouvinte, no caso do Brasil, a cultura brasileira, surdos e ouvintes compartilham uma série de hábitos e costumes, ou seja, aspectos próprios da Cultura Surda, mesclados a aspectos próprios da Cultura ouvinte, fato que torna os surdos indivíduos multiculturais. Por esse motivo, Skliar (2001:28)

> é possível aceitar o conceito de Cultura Surda por meio de uma leitura multicultural, em sua própria historicidade, em seus próprios processos e produções, pois a Cultura Surda não é uma imagem velada de uma hipotética Cultura Ouvinte, não é seu revés, nem uma cultura patológica.

Em suma, caracterizar a Cultura Surda como multicultural é o primeiro passo para admitir que a Comunidade Surda partilha com a comunidade ouvinte do espaço físico e geográfico, da alimentação e do vestuário, entre outros hábitos e costumes, mas que sustenta em seu cerne aspectos peculiares, além de tecnologias particulares (vide mais abaixo), desconhecidas ou ausentes do mundo ouvinte cotidiano.

Sobretudo, os surdos possuem história de vida e pensamentos diferenciados, possuem, na essência, uma língua cuja substância "gestual", que gera uma modalidade visual-espacial, implica uma visão de mundo, não determinística como dito anteriormente, mas, em muitos aspectos, diferente da que partilha a Comunidade Ouvinte, com sua língua de modalidade oral, cuja substância é o "som". Em concordância com essa visão, Felipe (2001:38) afirma que os surdos possuem "uma forma peculiar de apreender o mundo que gera valores, comportamento comum compartilhado e tradições sócio-interativas. A esse *modus vivendis* dá-se o nome de 'Cultura Surda".

IDENTIDADE SURDA

Antes de iniciar as explanações sobre as várias categorias de identidade surda, precisa-se entender o conceito de ouvintismo e sua diferença com o oralismo.

Ouvintismo: ideologia dominante que trata de um conjunto de representações dos ouvintes, a partir do qual o surdo está obrigado a olhar-se e a narrar-se como se fosse ouvinte. Além disso, é nesse olhar-se, e nesse narrar-se que acontecem as percepções do ser deficiente, do não ser ouvinte; percepções que legitimam as práticas terapêuticas habituais. Forma atual de continuar o colonialismo sobre os surdos.

Oralismo: filosofia dominante, foi e segue sendo hoje, em boa parte do mundo, uma ideologia dominante dentro da educação do surdo. A concepção do sujeito surdo ali presente refere exclusivamente uma dimensão clínica – a surdez como deficiência, os surdos como sujeitos patológicos – numa perspectiva terapêutica. A conjunção de ideias clínicas e terapêuticas levou em primeiro lugar a uma transformação histórica do espaço escolar e de suas discussões e enunciados em contextos médico-hospitalares para surdos.

Surdo não é Deficiente, é apenas Diferente, com signos diferentes de ouvintes. Os surdos têm signos visuais enquanto os ouvintes têm signos auditivos. As pessoas surdas têm a sua comunicação visual, têm a sua própria língua, a língua de sinais permite que o surdo crie a sua linguagem interior, entender os conceitos da vida, e além disso também permite que o surdo tenha formação de linguagem e pensamento, ter orgulho de sua diferença, e além do mais é uma língua mais rica do que a falada.

Infelizmente a influência do poder ouvintista prejudica a construção da identidade surda, tornando evidente que as identidades surdas assumem formas multifacetadas em vista das fragmentações a que estão sujeitas diante da presença do poder ouvintista que lhe impõe regras, inclusive, encontrando no estereótipo surdo uma resposta para a negação da representação da identidade surda ao sujeito surdo.

Levando em conta os fatores sociais, familiares, o poder ouvintista que determinam a construção da identidade do sujeito surdo, há categorias de identidades surdas, uma vez que existem diferenças entre os surdos:

- **Identidade Surda:** são as pessoas que têm identidade surda plena, geralmente são filhos de pais surdos, têm consciência surda, são mais politizados, têm consciência da diferença, e têm a língua de sinais como a língua nativa. Usam recursos e comunicações visuais.
- **Identidade Surda Híbrida:** são surdos que nasceram ouvintes e posteriormente se tornam surdos, conhecem a estrutura do português falado.
- **Identidade Surda de Transição:** são surdos oralizados, mantidos numa comunicação auditiva, filhos de pais ouvintes, e tardiamente descobrem a comunidade surda, e nesta transição, os surdos passam pela desouvinização, isto é, passam do mundo auditivo para o mundo visual.
- **Identidade Surda Incompleta:** são surdos dominados pela ideologia ouvintista, não conseguem quebrar o poder dos ouvintes que fazem de tudo para medicalizar o surdo, negam a identidade surda como uma diferença. São surdos estereotipados, acham os ouvintes como superiores a eles.
- **Identidade Surda Flutuante:** são surdos que têm consciência ou não da própria surdez, vítima da ideologia ouvintista. São surdos conformados e acomodados a situações impostas pelo ouvintismo, não têm militância pela causa surda. São surdos que oscilam de uma comunidade a outra, não conseguem viver em harmonia, em nenhuma comunidade, por falta de comunicação com ouvintes e pela falta de língua de sinais com surdos.

4
CULTURA E COMUNIDADE SURDA[1]

A palavra "cultura" possui vários significados. Relacionando essa palavra ao contexto de pessoas surdas, ela representa identidade porque pode-se afirmar que estas possuem uma cultura um vez que têm forma peculiar de aprender o mundo que as identificam como tal.

Stokoe, um linguista americano, e seu grupo de pesquisa, em 1965, na célebre obra *A Dictionary of American Sign Linguage on Linguistic Principles*, foram os primeiros estudiosos a falar sobre as característica sociais e culturais dos surdos.

A linguista surda Carol Padden estabeleceu uma diferença entre cultura e comunidade. Para ela, "uma cultura é um conjunto de comportamentos aprendidos de um grupo de pessoas que possui sua própria língua, valores, regras de comportamento e tradições". Ao passo que "uma comunidade é um sistema social geral, no qual pessoas vivem juntas, compartilham metas comuns e partilham certas responsabilidades umas com as outras" (Paden, 1989, p. 5).

Para essa pesquisadora, "uma Comunidade Surda é um grupo de pessoas que mora em uma localização particular, compartilha as metas comuns

[1] Fonte: FELIPE, T. A. *Libras em contexto*: curso básico, livro do estudante cursista – Programa Nacional de Apoio à Educação dos Surdos. São Paulo: MEC; SEESP, 2001.

de seus membros e, de vários modos, trabalha para alcançar estas metas". Portanto, nessa Comunidade pode haver também ouvintes e surdos que não são culturalmente surdos. Já

> a Cultura Surda é mais fechada do que a Comunidade Surda. Membros de uma Cultura Surda se comportam como as pessoas surdas, usam a língua das pessoas de sua comunidade e compartilham das crenças das pessoas Surdas entre si e com outras pessoas que não são surdas.

Mas ser uma pessoa surda não equivale a dizer que essa faça parte de uma Cultura e de uma Comunidade Surda, porque sendo a maioria dos surdos, 95%, filhos de pais ouvintes, muitos destes não aprendem a LIBRAS e não conhecem as Associações de Surdos, que são as Comunidades Surdas, e podem tornar-se somente pessoas portadoras de deficiência auditiva.

As pessoas surdas, que estão politicamente atuando para terem seus direitos de cidadania e linguísticos respeitados, fazem uma distinção entre "ser Surdo" e "deficiente auditivo". A palavra "deficiente", que não foi escolhida por elas para se denominarem, estigmatiza pessoa porque a mostra sempre pelo que ela não tem, em relação às outras e, o que ela pode ter de diferente e, por isso, acrescentar às outras pessoas.

Ser surdo é saber que pode falar com mãos e aprender uma língua oral-auditiva através dessa, é conviver com pessoas que em um universo de barulhos, deparam-se com pessoas que estão percebendo o mundo, principalmente, pela visão, e isso faz que eles sejam diferentes e não necessariamente deficientes.

A diferença está no modo de aprender o mundo, que gera valores, comportamento comum compartilhado e tradições sociointerativas, a este *modus vivendi* está sendo denominado de "Cultura Surda".

5
AS COMUNIDADES SURDAS DO BRASIL[1]

Há pessoas surdas em todos os estados brasileiros e muitas dessas pessoas vêm se organizando e formando associações pelo país que são as comunidades surdas brasileiras. Como o Brasil é muito grande e diversificado, essas comunidades se diferenciam regionalmente em relação a hábito alimentar, vestuário e situação socioeconômica, entre outros. Esses fatores geram também variações linguísticas regionais.

As Comunidades urbanas Surdas no Brasil têm como fatores principais de integração a LIBRAS, os esportes e interações sociais, por isso têm uma organização hierárquica constituída por: uma Confederação Brasileira de Surdos (CBS); mais de seis Federações Desportivas e aproximadamente, 128 associações / clubes / sociedades / congregações, em várias capitais e cidades do interior, segundo dados retirados das páginas dos CBS (Confederação Brasileira de Surdos) www.cbsurdos.org.br/associacoes.htm.

A CBS, fundada em 1984, tem como proposta o desenvolvimento esportivo dos surdos do Brasil, por isso promove campeonatos masculino e feminino em várias modalidades de esporte em nível nacional. Seus representantes são escolhidos, por voto secreto, pelos representantes das Federações. Recente-

---
[1] Fonte: FELIPE, T. A. *Libras em contexto*: curso básico, livro do estudante cursista – Programa Nacional de Apoio à Educação dos Surdos. São Paulo: MEC; SEESP, 2001.

mente essa Confederação filiou-se à Confederação Internacional e os surdos brasileiros têm participado de campeonatos esportivos internacionais.

As associações de surdos, como todas as associações, possuem estatutos que estabelecem os ciclos de eleições, quando os associados se articulam em chapas para poderem concorrer a uma gestão de determinado período, conforme estabelecido no estatuto de cada uma.

Participam também dessas comunidades pessoas ouvintes que fazem trabalhos de assistência social ou religiosa, ou são intérpretes, ou são familiares, pais de surdos ou cônjuges, ou ainda professores que participam ativamente em questões políticas e educacionais e por isso estão sempre nas comunidades, tornando-se membros. Os ouvintes que são filhos de surdos, muitas vezes, participam dessas comunidades desde criancinhas, o que propicia um domínio da LIBRAS, como de primeira língua. Estas pessoas, muitas vezes, tornam-se intérpretes: primeiro para os próprios pais, depois para a comunidade.

Os surdos, que são membros das associações, estão sempre interagindo com outras associações de outros estados ou outras cidades, como também com as Federações, a Confederação e a Federação Nacional de Educação e Integração dos Surdos (FENEIS).

Diferentemente da CBS, das Federações desportivas e associações, que se preocupam com a integração entre os surdos por meio dos esportes e do lazer, a FENEIS é uma Entidade não governamental, registrada no Conselho Nacional de Serviço Social (CNAS) e não está subordinada à CBS, sendo filiada a *World Federation of The Deaf* (WFD).

Os surdos que participam dessas comunidades têm assumido uma cultura própria. A Cultura Surda é muito recente no Brasil, tem pouco mais de 120 anos, mas convivendo-se um pouco com as Comunidades Surdas podem-se perceber características peculiares, uma identidade surda, como:

- A maioria das pessoas Surdas prefere um relacionamento mais íntimo com outra pessoa Surda;
- Suas piadas envolvem a problemática da incompreensão da surdez pelo ouvinte que geralmente é o "português" que não percebe bem, ou quer dar uma de esperto e se dá mal.
- Seu teatro já começa a abordar questões de relacionamento, educação e visão de mundo, própria das pessoas surdas.
- O surdo tem um modo próprio de olhar o mundo onde as pessoas são expressões faciais e corporais. Como fala com as mãos, evita usá-las

desnecessariamente e quando as usa, possui uma agilidade e leveza que podem se transformar em poesia.

Os surdos, que frequentam esses espaços de surdos, convivem com duas comunidades e culturas: a dos surdos e a dos ouvintes, e precisam utilizar duas línguas: a LIBRAS e a portuguesa. Portanto, numa perspectiva antropossociolinguística, uma Comunidade Surda não é um "lugar" onde pessoas deficientes, que têm problemas de comunicação, se encontram, mas um ponto de articulação política e social porque, cada vez mais, os surdos se organizam nesses espaços enquanto minoria linguística que luta por seus direitos linguísticos e de cidadania, impondo-se não pela deficiência, mas pela diferença.

Vendo por esse prisma, pode-se falar de Cultura Surda, ou seja, Identidade Surda. O surdo é diferente do ouvinte porque percebe e sente o mundo de forma diferenciada e se identifica com aqueles que também, apreendendo o mundo como Surdos, possuem valores que vêm sendo transmitidos de geração em geração independentemente da Cultura dos Ouvintes, à qual também se inserem.

6

Aspectos clínicos da surdez[1]

Deficiente auditivo, surdo ou surdo-mudo?

Segundo a FENEIS, o *surdo-mudo* é a mais antiga e incorreta denominação atribuída ao surdo, e infelizmente ainda utilizada em certas áreas e divulgada nos meios de comunicação. Para eles, o fato de uma pessoa ser surda não significa que ela seja muda. A mudez é outra deficiência. Para a comunidade surda, o deficiente auditivo é aquele que não participa de Associações e não sabe Libras, a Língua de sinais. O surdo é o alfabetizado e tem a Libras (Língua Brasileira de Sinais), como sua língua materna.

O surdo é o indivíduo em que a audição não é funcional para todos os sons e ruídos ambientais da vida; que apresenta altos graus de perda auditiva prejudicando a aquisição da linguagem e impedindo a compreensão da fala através do ouvido, com ou sem aparelhos necessitando de próteses auditivas altamente potentes. Temos também a *hipoacusia auditiva* termo usado para designar a perda parcial de audição, sendo mais frequente nos idosos.

---

[1] Fonte: http://www.webartigos.com/articles/3639/1/historico-da-educacao-dos-surdos/pagina1.html

A PERDA DE AUDIÇÃO

A) Os três tipos primários de perda de audição são:
- **Perda Condutiva:** Quando a perda auditiva se deve a um problema físico na orelha externa ou média. Costuma ser o resultado da fixação após a fratura do estribo, um dos três ossinhos do ouvido médio que transmitem o som através dele até o líquido da orelha interna. A maioria não é permanente e pode ser tratada com medicamentos ou cirurgias.
- **Perda Sensoneural:** Acontece quando o som é passado da orelha externa para a média, mas a interna ou o nervo auditivo não transmite normalmente o som ao cérebro.
- **Perda mista**: Quando inclui componentes tanto condutivos quanto sensoneurais. A perda de audição pode ser classificada, igualmente, segundo seu nível de gravidade – leve, moderada, grave ou profunda – e segundo afete as frequências baixas, altas ou a todas as frequências dos sons.

B) Causas da deficiência auditiva:
- **Causas genéticas e hereditárias**: Transmissão genética e combinação indesejável entre os genes. O pré-natal adequado pode evitar o desenvolvimento das futuras más-formações.
- **Causas pré-natais**: Virose – rubéola, sarampo, caxumba, etc.; protozoários (toxoplasmose); bactérias (sífilis); medicações; patologias que causam ruptura uterina, deslocamento prematuro da placenta; gestação de Alto Risco: gestante cardíaca, ou problema renal.
- **Causas natais**: Nesse período encontramos uma estatística muito grande é a criança que devido ao sofrimento fetal, nasce geralmente cianozada (azulada) em razão de problemas de oxigenação, necessitando muitas vezes de prolongado processo de reanimação. Parto demorado, difícil contrações uterinas intensivas e prolongadas, posição inadequada de apresentação fetal, circulares do cordão umbilical, ausência de passagem pelo canal do parto, ruptura precoce da bolsa d'água; incompatibilidade do fator RH.
- **Causas pós-natais**: Meningite, medicação, desidratação, sífilis, virose etc.

Parte 2
Gramática

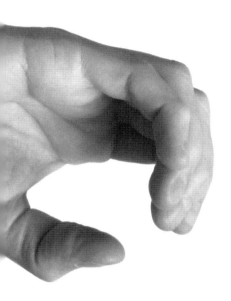

7
SISTEMA DE TRANSCRIÇÃO PARA A LIBRAS[1]

Este sistema, que vem sendo adotado por pesquisadores de línguas de sinais em outros países e aqui no Brasil, tem esse nome porque as palavras de uma língua oral-auditiva são utilizadas para representar aproximadamente os sinais.

Assim, a LIBRAS será representada a partir das seguintes convenções:

(1) Os sinais da LIBRAS, para efeito de simplificação, serão representados por itens lexicais da língua portuguesa (LP) em letras maiúsculas.
Exemplos: CASA, ESTUDAR, CRIANÇA

(2) Um sinal, que é traduzido por duas ou mais palavras em língua portuguesa, será representado pelas palavras correspondentes separadas por hífen.
Exemplos: CORTAR-COM-FACA "cortar", QUERER-NÃO "não querer", MEIO-DIA "meio-dia", AINDA-NÃO "ainda não"

---

[1] Fonte:FELIPE, T. A. *Libras em contexto*: curso básico, livro do estudante cursista – Programa Nacional de Apoio à Educação dos Surdos. São Paulo: MEC; SEESP, 2001.

(3) Um sinal composto, formado por dois ou mais sinais, que será representado por duas ou mais palavras, mas com a ideia de uma única coisa, será separado pelo símbolo ^.
Exemplos: CAVALO^LISTRA "zebra"

(4) A datilologia (alfabeto manual), que é usada para expressar nome de pessoas, de localidades e outras palavras que não possuem um sinal, está representada pela palavra separada, letra por letra, por hífen.
Exemplos: J-O-Ã-O, P-A-U-L-O

(5) O sinal soletrado, ou seja, uma palavra da língua portuguesa que, por empréstimo, passou a pertencer à LIBRAS por expressa pelo alfabeto manual com uma incorporação de movimento próprio dessa língua, está sendo representado pela soletração ou parte da soletração do sinal em itálico.
Exemplos: R "reais, A-C-H-O, Q-U-M quem"

(6) Na LIBRAS não há desinências para gênero (masculino e feminino). O sinal, representado por palavra da língua portuguesa que possui marcas de gênero está terminado com o símbolo @ para reforçar a ideia de ausência e não haver confusão.
Exemplos: AMIG@ "amiga ou amigo", FRI@ "fria ou frio", MUIT@ "muita ou muito", TOD@ "toda ou todo", EL@ "ela ou ele", ME@ "meu ou minha"

(7) Os traços não manuais: as expressões facial e corporal, que são feitas simultaneamente com um sinal, estão representadas acima do sinal ao qual está acrescentando alguma ideia, que pode ser em relação ao:

A – Tipo de frase: **interrogativa** ou **i, negativa** ou **neg**.
Para simplificação, serão utilizados, para representação de frases nas formas exclamativas e interrogativas, os sinais de pontuação utilizados na escrita das línguas orais-auditivas, ou seja: **!, ?** e **?!**.
B – Advérbio de modo ou um intensificador: muito **rapidamente expressão facial "espantado"**.
Exemplos: **interrogativa** NOME, **exclamativa** ADMIRAR, **muito** LONGE

(8) Os verbos que possuem concordância de gênero (pessoa, coisa, animal), por meio de classificadores, estão sendo representados com o tipo de classificador em subscrito.

Exemplos: pessoa MOVER, veículos MOVER, coisa-arredondada COLOCAR

(9) Os verbos que possuem concordância de lugar ou número-pessoal, por meio do movimento direcionado, estão representados pela palavra correspondente com uma letra em subscrito que indicará:

A – A variável para o lugar: I = ponto próximo à 1ª pessoa
J = ponto próximo à 2ª pessoa
Kek' = ponto próximo à 3ª pessoa
E = esquerda
D = direita

B – As pessoas gramaticais: 1s, 2s, 3s = 1ª, 2ª, e 3ª pessoas do singular
1d, 2d, 3d = 1ª, 2ª, e 3ª pessoas do dual
1p, 2p, 3p = 1ª, 2ª, e 3ª pessoas do plural

Exemplos: 1s DAR 2s "eu dou para você"
2s PERGUNTAR 3p "você pergunta para eles/elas",
Kd ANDAR ke "andar da direita (d) para à esquerda (e),

(10) Na LIBRAS não há desinência que indique plural. Às vezes há uma marca de plural pela repetição do sinal ou pelo alongamento do movimento. Essa marca será representada por uma cruz no lado direto acima do sinal que está sendo repetido:
Exemplos: MUIT@ "muito(s); muita(s)"
GAROTA+ "muitas garotas"

(11) Quando um sinal, que geralmente é feito somente com uma das mãos, ou dois sinais estão sendo feitos pelas duas mãos simultaneamente, serão representados um abaixo do outro com indicação das mãos: direita (md) e esquerda (me).
Exemplos: IGUAL (md) pesso@-muit@ ANDAR (me)
IGUAL (me) pessoa EM-PÉ (md)
Essas convenções foram utilizadas para representar, linearmente, uma língua gestual-visual, que é tridimensional.

Material de apoio para o aprendizado de LIBRAS

ALFABETO MANUAL E NUMERAIS

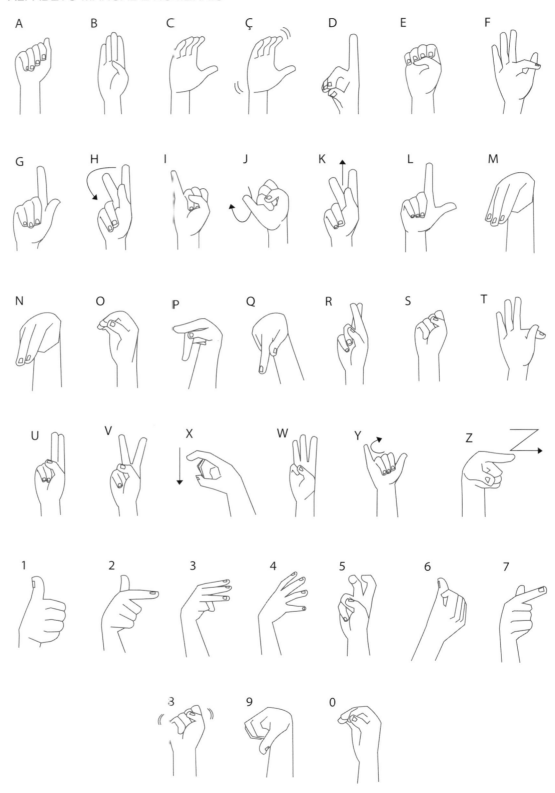

Sitemas de transcrição para a LIBRAS

CONFIGURAÇÕES DE MÃO DA LIBRAS

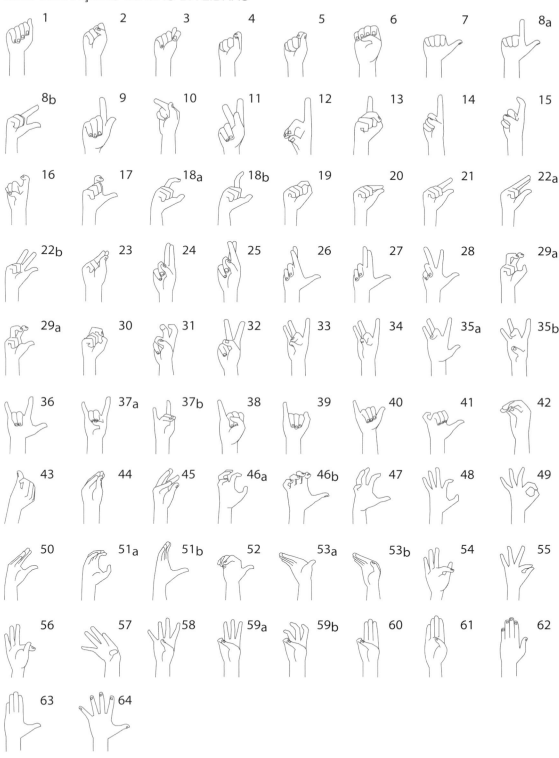

8
Sistema pronominal

(1) Pronomes pessoais

A LIBRAS possui um sistema pronominal para representar as pessoas do discurso:

Primeira pessoa (singular, dual, trial, quatrial e plural); EU; NÓS-2, NÓS-3, NÓS-4, NÓS-GRUPO E NÓS-TOD@.

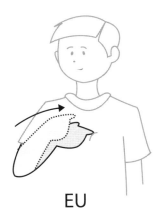

EU

Primeira pessoa do plural: NÓS-2, NÓS-3, NÓS-4, NÓS TODOS

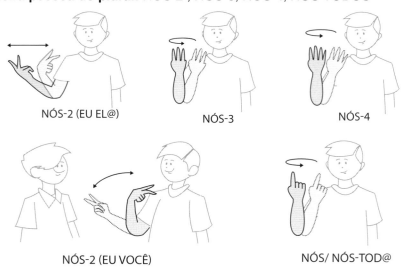

Segunda pessoa (singular, Dual, trial, quatrial e plural): VOCÊ, VOCÊ-2, VOCÊ-3, VOCÊ-4, VOCÊ-GRUPO e VOCÊ-TOD@.

VOCÊ

Segunda Pessoa do Plural: VOCÊ+ -2, VOCÊ + -3, VOCÊ + - 4, VOCÊ - TOD@ e VOCÊ - GRUPO

VOCÊ - 2

Sistema pronominal

VOCÊ - 3

VOCÊ - 4

VOCÊ - TOD@

VOCÊ - GRUPO

Terceira pessoa (singular, dual, Trial, quatrial e plural): EL@, EL@-2, EL@-3, EL@-4, EL@-GRUPO E EL@-TOD@.

EL@

Terceira Pessoa do Plural: EL@-2, EL@-3, EL@-4, EL@-TOD@ no.

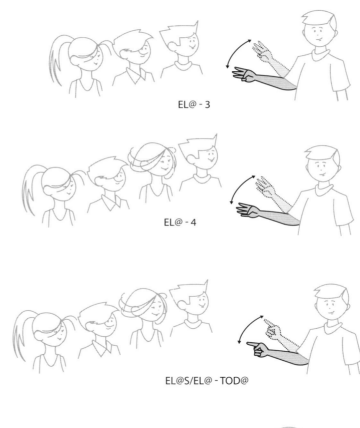

EL@ - 3

EL@ - 4

EL@S/EL@-TOD@

EL@ GRUPO

(2) Pronomes possessivos

Os pronomes possessivos, como os pessoais e os demonstrativos, também não possuem marca para gênero e estão relacionados às pessoas do discurso, e não à coisa possuída, como acontece em português:

- Eu – Minha casa – m@ casa
- Você – Teu carro – t@ carro
- El@ – sua namorada – s@ namorad@
- El@ – moto é dele – moto del@

(3) Pronomes demonstrativos e advérbios de lugar

Têm o mesmo sinal, somente o contexto os diferencia pelo sentido da frase acompanhada da expressão facial.

Exemplos:

Pronomes pessoais	Pronomes demonstrativos ou advérbios de lugar
Eu (olhando para o receptor) Você (idem) El@ (idem)	Est@ / Aqui (olhando para o lugar apontando perto da 1ª pessoa) Ess@ / aí (olhando para o lugar apontando perto da 2ª pessoa Aquel@ / lá / ali (olhando para o lugar distante apontando)

Pronomes demonstrativos

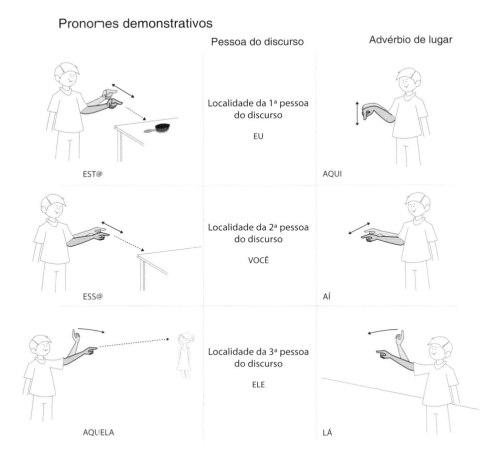

(4) Pronomes possessivos

Os pronomes possessivos, como os pessoais e os demonstrativos, também, não possuem marca para gênero e estão relacionados às pessoas do discurso, e não à coisa possuída, como acontece em português:

- EU ⟶ ME@ SOBRINH@
- VOCÊ ⟶ TE@ ESPO@
- EL@ ⟶ SE@ FILH@ / DEL@

(5) Pronomes interrogativos

Os pronomes interrogativos QUE e QUEM geralmente são usados no início da frase, mas o pronome interrogativo ONDE e o pronome QUEM, quando este está sendo usado com o sentido de "quem-é" ou "de-quem-é", são mais usados no final. Todos os três sinais têm uma expressão facial interrogativa feita simultaneamente com eles.

O pronome interrogativo QUEM, dependendo do contexto, pode ter duas formas diferentes: os sinais QUEM e o sinal soletrado QUM. Se se quer perguntar "quem está tocando a campainha", usa-se o sinal QUEM; se se quer perguntar "quem faltou hoje", "quem está falando" ou, ainda, "quem fez isso", usa-se o sinal soletrado QUM, como nos exemplos abaixo:

QUEM-É? (pessoas)
- Pessoas, QUEM-É? (quem é a pessoa?)
- TDD tocar QUEM-É? (quem tocou o telefone?)
- Campainha tocar QUEM-É? (quem tocou a campainha?)

DE-QUEM-É? (coisas)
- Caneta, DE-QUEM-É?
- Lápis, DE-QUEM-É?
- Casa, DE-QUEM-É?

9 NUMERAL

As línguas podem ter formas diferentes para apresentar os numerais quando utilizados como cardinais, ordinais, quantidade, medida, idade, dias da semana ou mês, horas e valores monetários. Isso também acontece na LIBRAS. Nesta unidade e nas seguintes, serão apresentados os numerais em relação às situações mencionadas anteriormente.

(1) NUMERAIS CARDINAIS

É erro o uso de determinada configuração de mãos para o numeral cardinal, sendo essa utilizada em um contexto em que o numeral é ordinal ou uma quantidade. Por exemplo: o numeral cardinal 1 é diferente da quantidade 1, como em LIVRO1, que é diferente de PRIMEIRO-LUGAR, que é diferente do numeral PRIMEIRO, que é diferente de PRIMEIRO-ANDAR, que é diferente de PRIMEIRO-GRAU, que é diferente de MÊS-1. Essas diferenças serão trabalhadas nas unidades deste livro.

Material de apoio para o aprendizado de LIBRAS

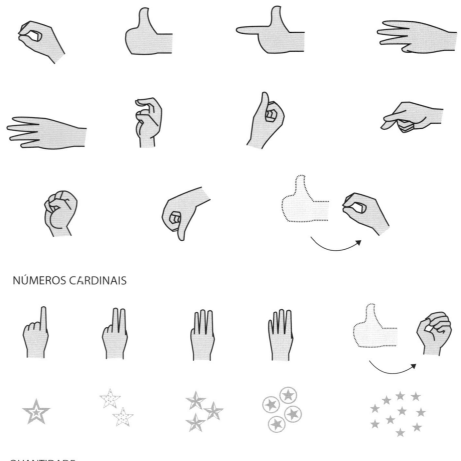

NÚMEROS CARDINAIS

QUANTIDADE

(2) Numerais ordinais

Os numerais ordinais do PRIMEIRO até o NONO têm a mesma forma dos cardinais, mas os ordinais possuem movimentos, enquanto os cardinais não. Os ordinais do PRIMEIRO até o QUARTO têm movimentos para cima e para abaixo, e os ordinais do QUINTO até o NONO têm movimentos para os lados. A partir do numeral DEZ, não há mais diferença entre cardinais e ordinais.

Numeral

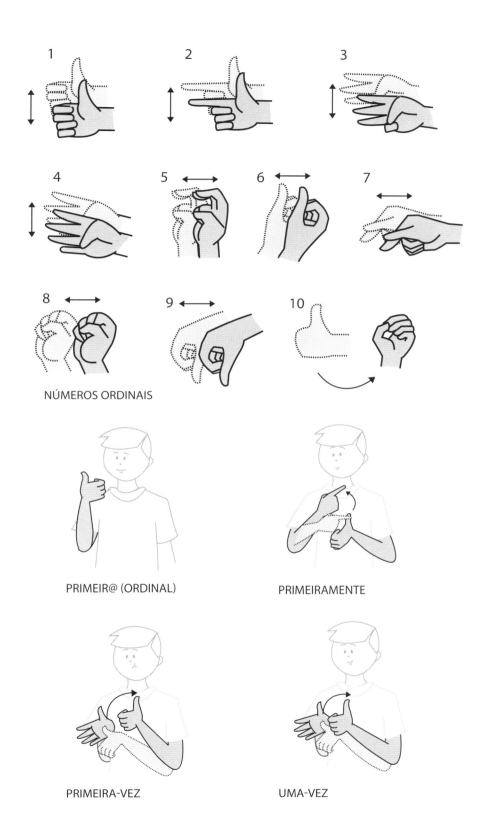

NÚMEROS ORDINAIS

PRIMEIR@ (ORDINAL)

PRIMEIRAMENTE

PRIMEIRA-VEZ

UMA-VEZ

(3) Utilização dos numerais para valores monetários

Em LIBRAS, para representar os valores monetários de um até nove reais, usa-se o sinal do numeral correspondente ao valor, incorporando a este o sinal VÍRGULA. Por isso, o numeral para valor monetário terá pequenos movimentos rotativos. Para esses valores, também podem ser usados os sinais dos numerais correspondentes seguidos do sinal soletrado R "real".

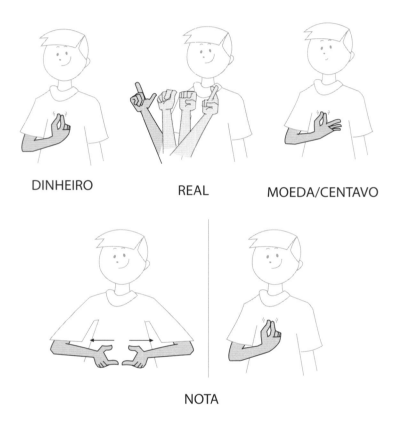

DINHEIRO   REAL   MOEDA/CENTAVO

NOTA

Para valores de um mil até nove mil, também há a incorporação do sinal VÍRGULA, mas, aqui, o movimento dessa incorporação é mais alongado que os valores anteriores (de um até nove reais). Para esses valores, também podem ser usados os sinais dos numerais correspondentes seguidos de PONTO.

Para valores de um milhão para cima, usa-se também a incorporação do sinal VÍRGULA com o numeral correspondente, mas, aqui, o movimento rotativo é mais alongado que em mil. Pode-se notar uma gradação tanto na expressão facial quanto nesse movimento da vírgula incorporada, que fica maior e mais acentuado:

1 a 9 < de 1.000 a 9.000 < de 1.000.000 a 9.000.000

Quando o valor é centavo, o sinal VÍRGULA vem depois do sinal ZERO, mas, na maioria das vezes, não precisa usar o sinal ZERO para centavo, porque o contexto pode esclarecer e os valores para centavos ficam iguais aos numerais cardinais.

10
Tipos de frases na LIBRAS

(1) Tipos de frases

As línguas de sinais utilizam as expressões faciais e corporais para estabelecer tipos de frases, como as entonações na língua portuguesa. Por isso, para perceber se uma frase em LIBRAS está na forma afirmativa, exclamativa, interrogativa, negativa ou imperativa, precisa-se estar atento às expressões facial e corporal que são feitas simultaneamente com certos sinais ou com toda a frase.

Exemplo:
- **Forma afirmativa:** a expressão facial é neutra.
  MEU NOME A-L-E-X-A-N-D-R-E

  EL@ PROFESSOR

Material de apoio para o aprendizado de LIBRAS

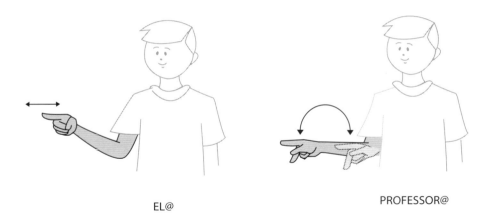

EL@   PROFESSOR@

- **Forma negativa:** a negação pode ser feita por meio de três processos:

A – Com o acréscimo do sinal NÃO à frase afirmativa:
BLUSA FEI@ **COMPRAR** NÃO

B – EU OUVIR NÃO

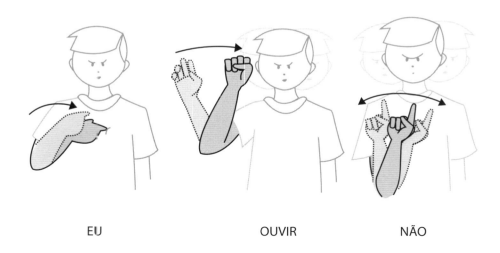

EU   OUVIR   NÃO

C – Com a incorporação de um movimento contrário ao do sinal negado:
GOSTAR-NÃO CARNE, PREFERIR FRANGO, PEIXE

GOSTAR / GOSTAR-NÃO

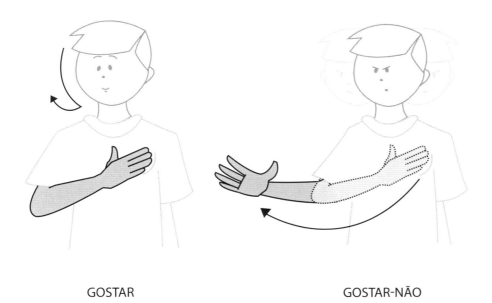

GOSTAR   GOSTAR-NÃO

D – Com um aceno de cabeça, que pode ser feito simultaneamente à ação que está sendo negada ou com os processos anteriores:
EU VIAJAR PODER

PODER / PODER-NÃO

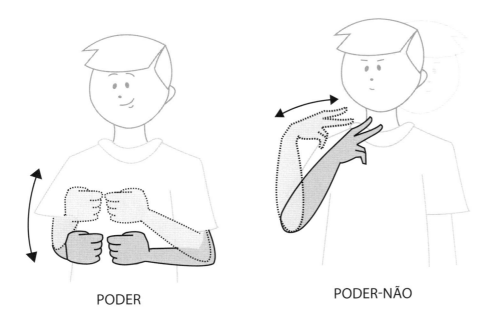

PODER   PODER-NÃO

- **Forma exclamativa:** sobrancelhas levantadas e um ligeiro movimento da cabeça, inclinando-a para cima e para baixo. Pode ainda vir com um intensificador representado pela boca fechada com um movimento para baixo.

EU VIAJAR SANTA CATARINA, BOM! BONIT@ LÁ! CONHECER MUIT@ SURD@

CARRO BONIT@!

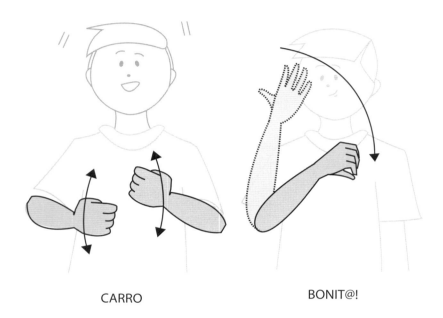

CARRO   BONIT@!

- **Forma interrogativa:** sobrancelhas franzidas e um ligeiro movimento da cabeça, inclinando-a para cima.

NOME QUAL? (Expressão facial interrogativa feita simultaneamente ao sinal QUAL)

NOME? (Expressão facial feita simultaneamente ao sinal NOME)

VOCÊ CASAD@?

Tipos de frases na LIBRAS

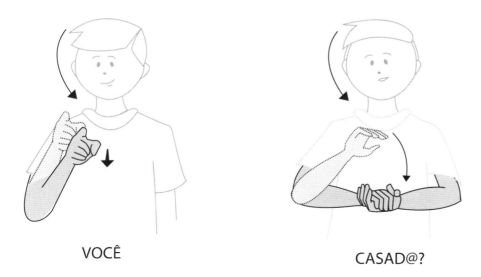

VOCÊ   CASAD@?

- **Forma negativa / interrogativa:** sobrancelhas franzidas e aceno da cabeça negando.

CASAD@ EU NÃO?

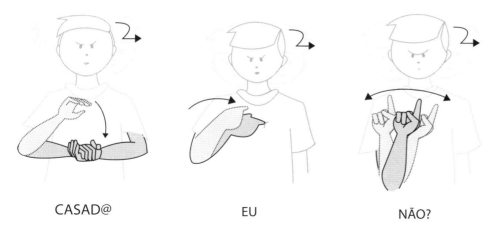

CASAD@   EU   NÃO?

- **Forma exclamativa / interrogativa**

VOCÊ CASAR?!

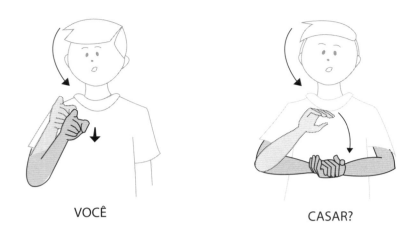

VOCÊ   CASAR?

(2) Pronomes e expressões interrogativas

QUANDO, DIA, QUE-HORA, QUANT@-HORA

- QUANDO E D-I-A

Sempre simultaneamente aos pronomes ou às expressões interrogativas, há uma expressão facial indicando que a frase está na forma interrogativa.

A pergunta com QUANDO está relacionada a um advérbio de tempo na resposta ou a um dia específico. Por isso, há três sinais diferentes para "quando". Um que especifica passado: QUANDO-PASSADO (palma da mão virada para o emissor e o braço à altura do ombro, com um movimento para o corpo de emissor); outro que especifica futuro: QUANDO--FUTURO (palma da mão direita virada para o emissor e o braço dobrado à frente do emissor, com um movimento circular para fora do corpo do emissor); e outro sinal soletrado que especifica o dia: D-I-A.

Exemplos: QUANDO (passado) / QUANDO (futuro) / DIA

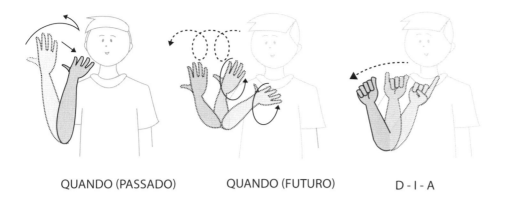

QUANDO (PASSADO)   QUANDO (FUTURO)   D - I - A

- QUE-HORA e QUANT@-HORA

  Na LIBRAS, para se referir às horas, usa-se a mesma configuração dos numerais para quantidade e, após doze horas, não se continua a contagem; começa-se a contar novamente: HORA 1, HORA 2, HORA 3, acrescentando o sinal TARDE quando necessário, porque geralmente, pelo contexto, já se sabe se está se referindo à manhã, à tarde, à noite ou à madrugada.

  A expressão interrogativa QUE-HORA? (um apontar para o pulso com a expressão facial para frase interrogativa) está relacionada ao tempo cronológico. Já a expressão interrogativa QUANT@-HORA (um círculo ao redor do rosto com a expressão facial para frase interrogativa) está sempre relacionada à duração, ao tempo gasto para se realizar alguma atividade.

Exemplos: QUE-HORA / QUANT@-HORA

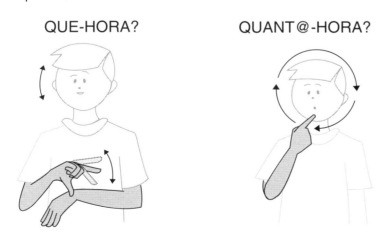

QUE-HORA?   QUANT@-HORA?

Material de apoio para o aprendizado de LIBRAS

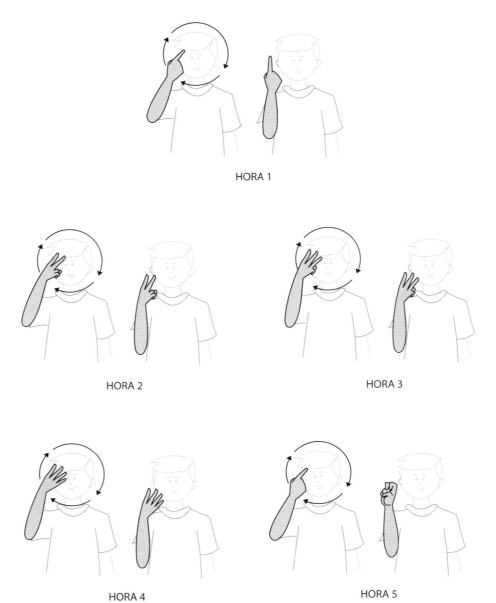

HORA 1

HORA 2

HORA 3

HORA 4

HORA 5

11

Advérbios e marca de tempo

(1) Advérbios de tempo

Na LIBRAS, não há marca de tempo nas formas verbais, é como se os verbos ficassem na frase quase sempre no infinitivo, que é um tempo neutro. O tempo é marcado sintaticamente por meio de advérbios de tempo, que indicam se a ação está ocorrendo no presente: HOJE, AGORA; ocorreu no passado: ONTEM, ANTEONTEM; ou irá ocorrer no futuro: AMANHÃ. Por isso, os advérbios geralmente vêm no começo da frase, mas podem ser usados também no final. Para um tempo verbal indefinido, usam-se os sinais:

- HOJE, que traz a ideia de "presente"
- PASSADO, que traz a ideia de "passado"
- FUTURO, que traz a ideia de "futuro"

(2) Expressões idiomáticas relacionadas ao ano sideral

Como nesta unidade será trabalhada a temática "Ano Sideral", que engloba as horas, os dias, os meses e os anos, além de um vocábulo relacionado a esse calendário, serão ensinadas, também, várias expressões peculiares à LIBRAS.

Nessa língua, há dois sinais diferentes para a ideia "dia": um sinal relacionado a dia do mês, que é o sinal soletrado D-I-A, e o sinal DIA (duração), que tem a configuração de mão em "d" com movimento circular em frente ao dorso do emissor.

Exemplos:
- D-I-A AMANHÃ?

AMANHÃ D-I-A 17

- VIAJAR BAHIA ÔNIBUS EU CANSAR DIA-2

Eu estou cansado porque viajei dois dias de ônibus para a Bahia.

Os numerais de 1 a 4 podem ser incorporados aos sinais DIA (duração), SEMANA, MÊS E VEZ.

Exemplos:
- DIA-1, DIA-2 (sinal com ponto de articulação no lado da testa)
- SEMANA-1, SEMANA-2, SEMANA-3, SEMANA-4
- MÊS-1, MÊS-2, MÊS-3
- VEZ-1, VEZ-2, VEZ-3, MUIT@-VEZ

Essa construção pode ser usada somente para os numerais inferiores a 5. A partir do numeral 5, não há mais incorporação, e a construção utilizada é formada pelo numeral seguido do sinal ou do sinal seguido do numeral.

Exemplos:
- DIA 5, 20 DIA, 8 SEMANA

Aos sinais DIA (duração) e SEMANA, podem ser incorporadas, também, a frequencia ou a duração por meio de um movimento prolongado ou repetido.

Exemplos:

- TODO-DIA (sinal com ponto de articulação no lado da testa, movimento repetido)
- DIA-INTEIRO "o dia todo" – movimento alongado
- TODA-SEMANA 2ª-FEIRA "todas as segundas" – movimento alongado

TODA-SEMANA 4ª- FEIRA "todas as quartas"

(3) Direção / perspectiva

As línguas de sinais, por serem espaciais, utilizam bem mais acentuadamente a tridimensionalidade para a comunicação, por esta fazer parte de suas gramáticas.

Assim, uma pessoa que está aprendendo uma dessas línguas precisa ficar atenta à visualização das informações no espaço, porque elas sempre estão sob a perspectiva do emissor da mensagem, e é necessário apreendê-las ao inverso, como uma imagem no espelho.

Na LIBRAS, os advérbios "PERTO" e "LONGE" são representados por sinais distintos com relação a essa perspectiva, medida e ponto específico, podendo-se incorporar, ao advérbio LONGE, movimento e expressões facial e corporal que acrescentam a ideia da perspectiva e da intensificação da distância. Há, portanto, três sinais para a ideia de "longe": LONGE (perspectiva), LONGE MUITO (perspectiva), LONGE (medida) e LONGE (lugar específico). Da mesma forma, os sinais para "perto" também dependerão dessa perspectiva do emissor.

Exemplos:
A – LONGE / PERTO
B – LONGE (muito-longe) / PERTO
C – LONGE (distância – medida) / PERTO
D – LONGE / PERTO

Material de apoio para o aprendizado de LIBRAS

A) LONGE (PERSPECTIVA)

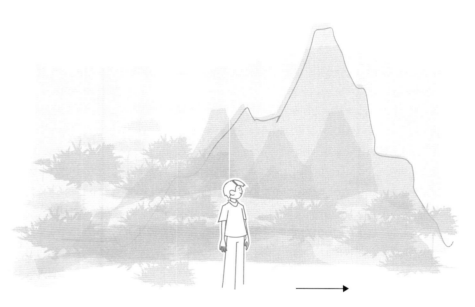

A) PERTO (PRÓXIMO)

Advérbios e marca de tempo

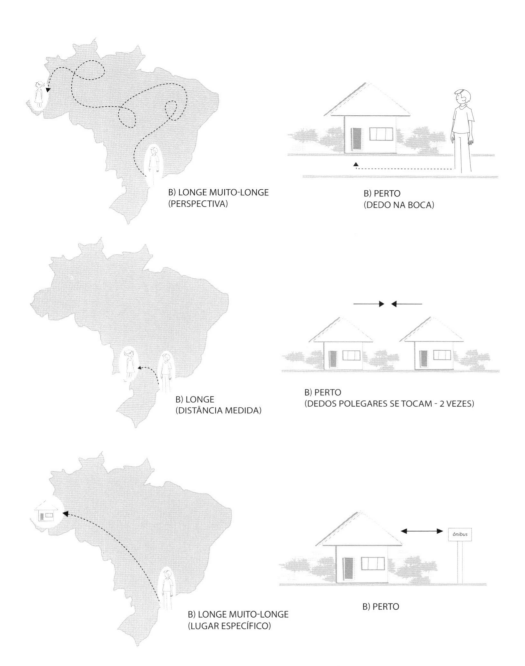

12
Comunicação, trabalho e atividades

(1) Sinais relacionados a meios de comunicação e trabalho

Nesta unidade, serão trabalhados muitos sinais relacionados a meios de comunicação, profissões e atividades realizadas no trabalho.

Meios de comunicação

TDD

TELEGRAMA

Material de apoio para o aprendizado de LIBRAS

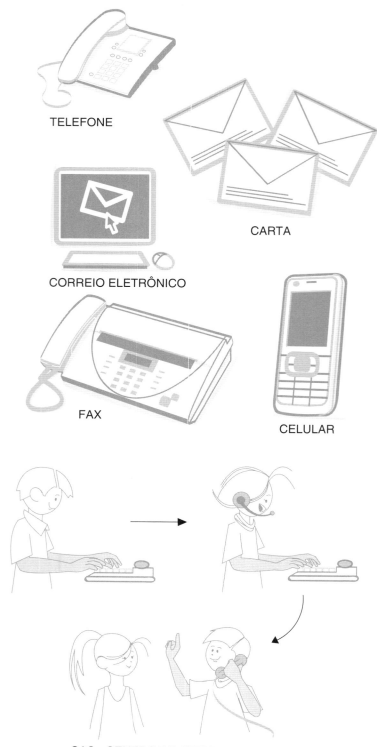

Comunicação, trabalho e atividades

- Verbos relacionados a meios de comunicação e trabalho:

Passar

- Vou passar sua roupa.
- Ônibus número 368 passa na sua casa.
- Ela passou na minha frente.
- Ontem você já passou o fax para seu amigo.

PASSAR-COM-FERRO

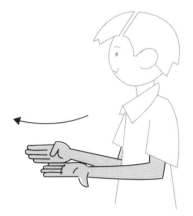
OBJETO GRANDE PASSAR

PESSOA PASSAR

PASSAR-FAX

Enviar

- Vou enviar carta para você.
- Ela já mandou as cartas aos professores hoje.
- Ela está enviando novo estagiário à universidade.

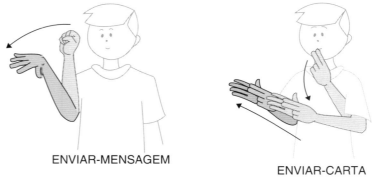

ENVIAR-MENSAGEM   ENVIAR-CARTA

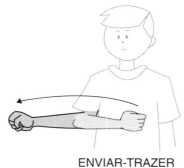

ENVIAR-TRAZER

Receber

- Você recebeu e leu a mensagem do celular.
- Ele recebeu o pagamento.

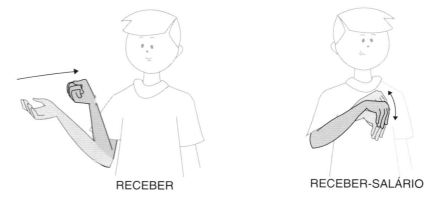

RECEBER   RECEBER-SALÁRIO

Avisar

- Eu já avisei, que precisa sair!
- O meu chefe me avisou que terá aumento de salário.
- O meu amigo que trabalha comigo já recebeu o Aviso Prévio.

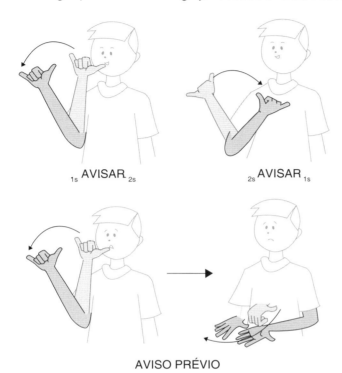

₁ₛAVISAR₂ₛ   ₂ₛAVISAR₁ₛ

AVISO PRÉVIO

Informar / avisar / divulgar

- A diretoria já informou aos funcionários o novo horário.
- Informações sobre os cursos de LIBRAS, só na Universidade.

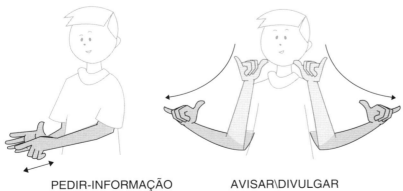

PEDIR-INFORMAÇÃO   AVISAR\DIVULGAR

Esperar

- Esperou o amigo horas a fio.
- Não esperava contar com a ajuda dos amigos!
- Espere só um pouquinho!

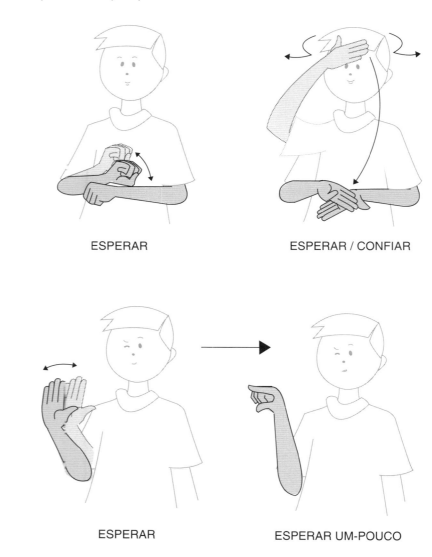

Comunicação, trabalho e atividades

Demitir

- Ele foi demitido.
- Eu pedi demissão ontem.

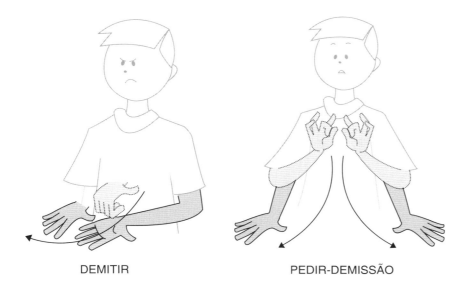

DEMITIR   PEDIR-DEMISSÃO

Aposentar

- Eu recebo o meu dinheiro da aposentadoria.
- Ele aposentou há pouco tempo.

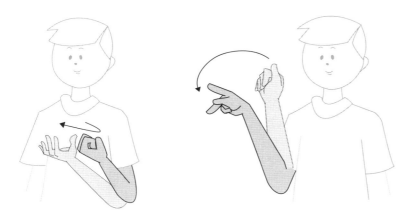

RECEBER-APOSENTADORIA   APOSENTAR/APOSENTAD@

Acabar

- O trabalho já acabou?
- O namoro deles acabou.
- Não quero saber! Acabou!
- A comida acabou! A água acabou!

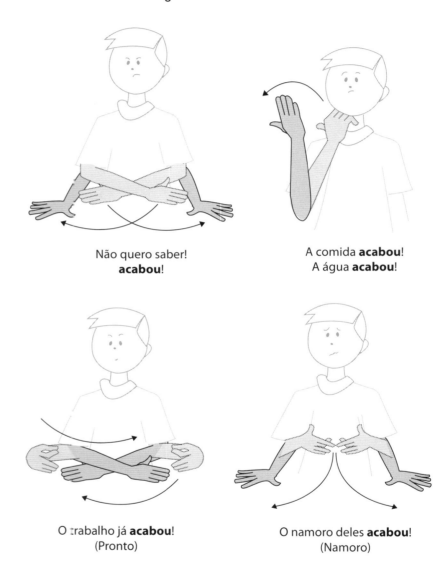

Não quero saber! **acabou!**

A comida **acabou!** A água **acabou!**

O trabalho já **acabou!** (Pronto)

O namoro deles **acabou!** (Namoro)

Admitir

- Admito que menti para você.
- Fui admitido na prova no outro emprego.
- A empresa admitiu novos funcionários.

Fui **admitido** para
aquele emprego
(Ser aprovado)

A empresa **admitiu**
novos funcionários
(Entrar)

Ficar

- Fiquei muito tempo aqui.
- Ela ficou quieta.
- Passou mal e resolveu ficar em casa.

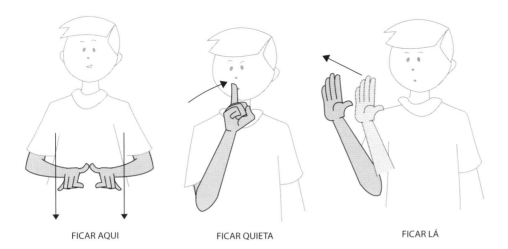

FICAR AQUI FICAR QUIETA FICAR LÁ

Sair

- Ela saiu do emprego.
- Paulo saiu com a amiga dele.
- Ele saiu há muito tempo. Foi ao médico.

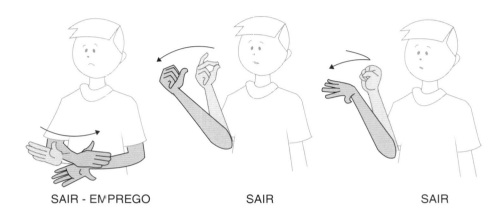

SAIR - EMPREGO	SAIR	SAIR

Aprovar

- Fui aprovada!
- A reunião foi aprovada.

APROVAR/PASSAR/CONSEGUIR	APROVAR/LIBERAR

Reprovar

- Ela foi reprovada na aula de Língua de Sinais.
- O ministro reprovou o nome dele.
- O seu trabalho sobre Língua de Sinais foi reprovado.

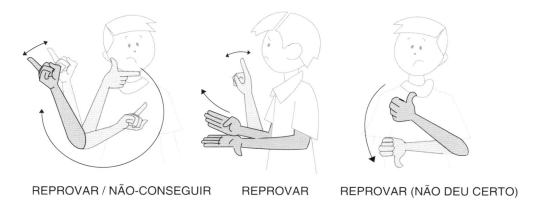

REPROVAR / NÃO-CONSEGUIR   REPROVAR   REPROVAR (NÃO DEU CERTO)

Cancelar

- Amanhã a reunião será cancelada.
- Você colou na prova e ela será cancelada.
- O passeio turístico foi cancelado e adiado para o outro dia!

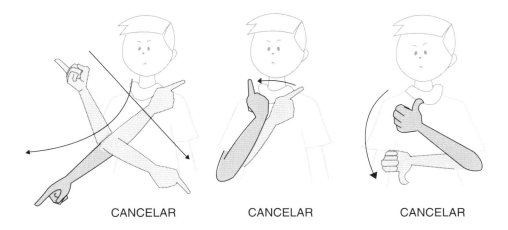

CANCELAR   CANCELAR   CANCELAR

13
Pronomes

(1) Pronomes interrogativos

Na LIBRAS, há uma tendência para a utilização, no final da frase, dos pronomes interrogativos QUAL, COMO E PARA-QUÊ, e para a utilização, no início da frase, do pronome interrogativo POR-QUÊ, mas os primeiros também podem ser usados no início e POR-QUE, no final.

Como em português, na modalidade oral, não há diferença entre o "por que" interrogativo e o "porque" explicativo; o contexto mostra, pelas expressões facial e corporal, quando ele está sendo usado em frase interrogativa ou explicativa/causal.

O pronome interrogativo COMO também tem outra forma em datilologia: C-O-M-O.

Exemplos:
A – BLUSA MAIS BONIT@. ESTAMPAD@ OU LIS@ **QUAL**?
MAIS BONIT@ ESTAMPAD@

Material de apoio para o aprendizado de LIBRAS

B – VOCÊ LER LIVRO? **QUAL** NOME?
NOME "VENDOS VOZES"

C – VOCÊ IR PRAIA AMANHÃ CARRO ÔNIBUS MOTO? COMO?
CARRO. VOCÊ QUER IR-JUNTO?

D – FALAR MAL ELA PARA-QUÊ?
PORQUE EU GOSTAR-NÃO EL@

E – CHEGAR ATRASAD@, VOCÊ BEBER?
NÃO, PENSAR MAL! PARA-QUÊ? BOBAGEM!
(Expressão facial "parece que ele percebeu, me dei mal!")

F – POR-QUE FALTAR ONTEM TRABALHAR?
PORQUE ESTAR DOENTE

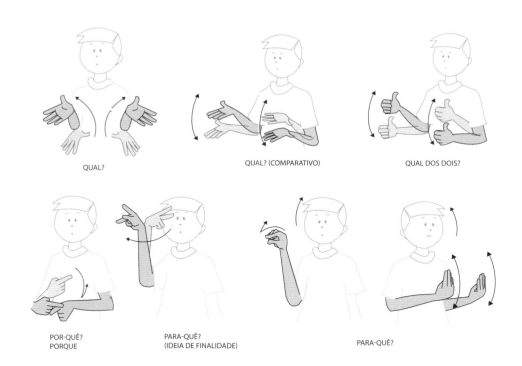

QUAL?   QUAL? (COMPARATIVO)   QUAL DOS DOIS?

POR-QUÊ?   PARA-QUÊ?   PARA-QUÊ?
PORQUE   (IDEIA DE FINALIDADE)

(2) Pronomes indefinidos

NINGUÉM (acabar); NINGUÉM / NADA (1); NENHUM (1) / NADA (2); NENHUM-POUQUINHO

Os pronomes indefinidos NINGUÉM (1) e NINGUÉM (3) (acabar) são usados somente para pessoa; NINGUÉM / NADA / NENHUM (2) (mãos abertas esfregando uma na outra) é usado para pessoa, animais e coisas; NENHUM / NADA (4) (dedo polegar e indicador com o formato oval e os outros dedos estendidos, mão com movimento balançando) é usado para pessoa, animais e coisas, e pode, em alguns contextos, ter o sentido de "não-ter"; finalmente o pronome indefinido NENHUM-POUQUINHO (palma da mão virada para cima fazendo um zero com os dedos polegar e indicador) é um reforço para frase negativa e pode vir após NADA. A expressão "de nada" é usada como resposta para um agradecimento.

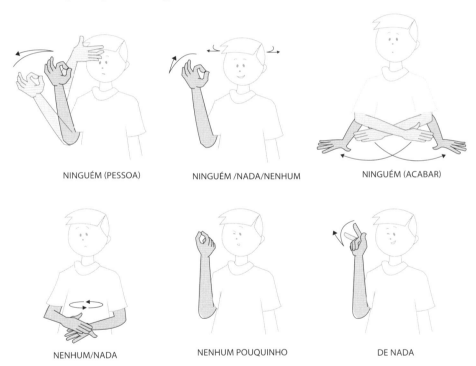

NINGUÉM (PESSOA) NINGUÉM /NADA/NENHUM NINGUÉM (ACABAR)

NENHUM/NADA NENHUM POUQUINHO DE NADA

Material de apoio para o aprendizado de LIBRAS

Pronomes indefinidos e quantificadores

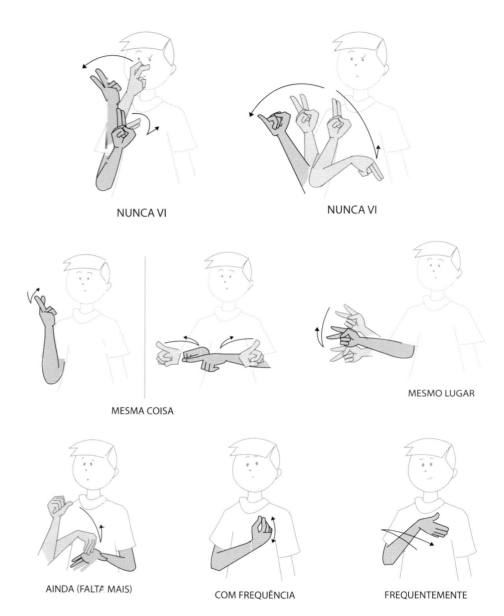

NUNCA VI

NUNCA VI

MESMA COISA

MESMO LUGAR

AINDA (FALTA MAIS)

COM FREQUÊNCIA

FREQUENTEMENTE

14
ADJETIVOS

(1) ADJETIVOS NA LIBRAS

Os adjetivos são sinais que formam uma classe específica na LIBRAS e sempre estão na forma neutra, não havendo, portanto, marca para gênero (masculino e feminino) nem para número (singular e plural).

Muitos adjetivos, por serem descritivos, apresentam iconicamente uma qualidade do objeto, desenhando-a no ar ou mostrando-a a partir do objeto ou do corpo do emissor.

Em português, quando uma pessoa se refere a um objeto como sendo arredondado, quadrado, listrado, entre outros, está também descrevendo, mas, na LIBRAS, esse processo é mais "transparente", porque o formato ou a textura são traçados no espaço ou no corpo do emissor, em uma tridimensionalidade permitida pela modalidade da língua.

Em relação à colocação dos adjetivos na frase, eles geralmente vêm após o substantivo que qualifica.

Exemplos:
A – PASSAR EU GORD@ MUITO-COMER, AGORA EU MAGR@
B – LEÃ@ COR CORPO AMAREL@ PERIGOS@
C – RAT@ PEQUEN@, COR PRET@, ESPERT@

Seguem alguns adjetivos em LIBRAS:

VELH@

USAD@

ME@ PAI VELH@
Meu pai é velho.

ESS@ CARRO USAR
Esse carro é usado.

NOV@ (COISA)

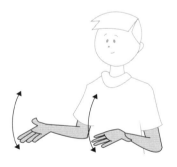
NOV@ (JOVEM)

EST@ LIVRO NOV@ (coisa)
Este livro é novo.

EL@ NOV@
Ele/a é novo (a).

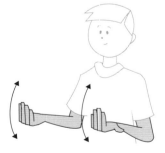
NOV@ (JOVEM)

JOVEM NOV@
Jovem é novo (a).

Adjetivos

ALT@
ME@ IRMA@ ALT@
Meu irmão é alto.

ALT@
ESS@ ESTANTE ALT@
Essa estante é alta (grande).

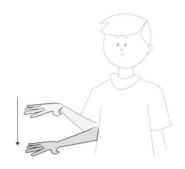
BAIX@

ME@ IRMA@ BAIX@
Meu irmão é baixo (pequeno).

(2) Comparativo de igualdade, superioridade e inferioridade

Em LIBRAS, uma qualidade também pode ser comparada a partir de três situações: superioridade, inferioridade e igualdade.

Para fazer os comparativos de superioridade e inferioridade, usam-se os sinais MAIS ou MENOS antes do adjetivo comparado, seguidos da conjunção comparativa DO-QUE, ou seja:

- Comparativo de superioridade: X MAIS ....adj......... DO-QUE Y
- Comparativo de inferioridade: X MENOS .....adj......... DO-QUE Y

Essa expressão comparativa "do que" tem flexão para as pessoas do discurso e, por isso, a orientação para onde o sinal aponta indicará a segunda pessoa / objeto / animal comparados.

Para o comparativo de igualdade, podem ser usados dois sinais: IGUAL (dedos indicadores e médios das duas mãos roçando um no outro) e IGUAL (duas mãos em B, viradas para frente encostadas lado a lado), geralmente no final da frase.

Exemplos:
A – VOCÊ MAIS VELH@ 2s DO-QUE 3s EL@
B – VOCÊ MENOS VELH@ 2s DO-QUE 3s EL@
C – VOCÊ-2 BONIT@ IGUAL (me) / (md)

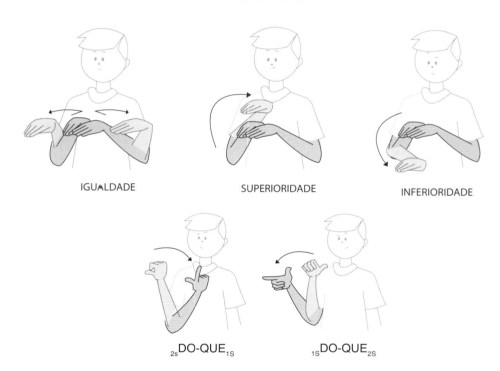

15
Advérbios — expressões temporais

(1) Advérbios de tempo (frequência)

Na LIBRAS, há expressões específicas para representar frequência de uma ação e algumas são expressões idiomáticas:

- NUNCA pode ter sinal e sinal soletrado; NUNCA-MAIS, NUNCA-VI são sinais soletrados.
- FREQUENTE e FREQUENTEMENTE possuem a mesma configuração de mão, mas, para a segunda ideia, que tem o aspecto contínuo, o sinal é feito repetidamente.
- SEMPRE (CONTINUAR) e MESMO possuem a mesma configuração de mão, mas, para o primeiro, há um movimento para frente de emissor, enquanto o segundo fica no mesmo ponto de articulação inicial.
- MESMA^COISA é sinal composto formado pelo sinal MESMO mais o sinal IGUAL, com sentido de "sempre".

Exemplos:

A – VOCÊ ESTUDAR AINDA USP
Afirmativamente

B – EL@ SEMPRE FALAR MESMA COISA

C – TELEFONE-VÍDEO DIFERENTE EU NUNCA-VI. EU CONHECER-NÃO!

Expressões e advérbio de tempo / frequência

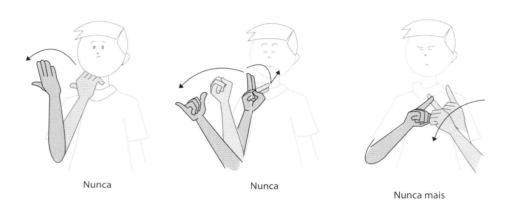

Nunca　　　　Nunca　　　　Nunca mais

16 MORFEMAS

(1) OS PARÂMETROS TAMBÉM PODEM SER MORFEMAS NA LIBRAS

Na LIBRAS, os sinais são formados a partir de configuração das mãos, movimento, orientação das mãos, ponto de articulação e expressão facial/corporal. Esses parâmetros já foram mencionados na introdução deste livro, quando se apresentou seu nível fonológico.

Esses cinco parâmetros podem ser comparados a "pedacinhos" de um sinal, porque, no nível morfológico, eles podem ter significados, sendo, portanto, morfemas:

A – A configuração de mão pode ser um marcador de gênero (animado: pessoa e animais; inanimado: coisa).
Exemplo:

PESSOA CL: Gk **CARRO CL**5k k veículo **COLIDIR**k
"O carro bateu em uma pessoa."

B – O ponto de articulação pode ser uma marca de concordância verbal com o advérbio de lugar.
Exemplo:
MESAi **COPO** objeto-arredondado-**COLOCAR**i
"Eu coloco o copo na mesa."

C – O movimento pode ser uma raiz verbal.
Exemplos: IR, VIR, BRINCAR
A alteração na frequência do movimento pode ser:
- Uma marca de aspecto temporal: TRABALHAR-CONTINUAMENTE
- Um advérbio de modo: FALAR-DEMASIADAMENTE
- Um intensificador: TRABALHAR- MUITO

D – A orientação pode ser:
- Uma concordância número-pessoal
Exemplos: 1s PERGUNTAR 2s "eu pergunto a você"
2s PERGUNTAR 1s "você me pergunta"

- Um advérbio de tempo
Exemplos: ANO e ANO-PASSADO

(2) A incorporação da negação

Na LIBRAS, pode acontecer a incorporação da negação em alguns verbos que possuem determinado movimento em um primeiro momento e finaliza-se com um movimento contrário, que caracteriza a negação incorporada, como nos verbos:

QUERER / QUERER-NÃO
GOSTAR / GOSTAR-NÃO

A negação também pode se incorporar simultaneamente ao movimento ou à expressão corporal, como nos verbos:

TER / TER-NÃO
PODER / PODER-NÃO

A negação, além de poder ocorrer por meio desses processos morfológicos, também pode ocorrer sintaticamente, porque, por meio dos advérbios "não" e "nada", pode-se construir uma frase negativa, como no exemplo:

EU INGLÊS SABER NÃO, ENTENDER NADA
"Eu não sei inglês, não entendo nada."

Há, ainda, a incorporação do intensificador "muito" ou de advérbios de modo, que também alteram o movimento, como em BONIT@ muito, ANDAR cambaleando.

(3) Sinais em contextos

Na LIBRAS, como em inglês, há muitos sinais invariáveis, e somente nos contextos pode-se perceber se estão sendo utilizados com a função de verbo ou de nome.
Exemplos:
AVIÃO / IR-DE-AVIÃO
CADEIRA / SENTAR
FERRO / PASSAR-COM-FERRO
PORTA / ABRIR-PORTA
BRINCADEIRA / BRINCAR
TESOURA / CORTAR-COM-TESOURA
BICICLETA / ANDAR-DE-BICICLETA
CARRO / DIRIGIR-CARRO
VIDA / VIVER
etc.

Alguns desses pares apresentam uma diferença em relação ao parâmetro movimento, como IR-DE-AVIÃO, que tem um movimento mais alongado em relação ao substantivo AVIÃO, e PASSAR-COM-FERRO, que tem um movimento mais repetido e alongado, em oposição ao movimento repetido e retido para o nome FERRO.

Na LIBRAS, também se pode criar um novo sinal a partir de dois ou mais sinais que se combinam e dão origem a uma outra forma, um outro sinal.

Exemplos:

CAVALO^LISTRA-PELO-CORPO "zebra"
MULHER^BEIJO-NA-MÃO "mãe"
CASA^ESTUDAR "escola"
CASAR^SEPARAR "divorciar"
etc.

Pode-se perceber que a LIBRAS, como qualquer outra língua, tem suas regras para criar sinais e organizá-los. Portanto, é necessário ficar atento para o uso adequado dos sinais em contextos.

17 VERBOS

(1) OS TIPOS DE VERBOS NA LIBRAS

Na LIBRAS, há basicamente dois tipos de verbos:
A – Verbos que não possuem marca de concordância
B – Verbos que possuem marca de concordância

Quando se forma uma frase com verbos do primeiro grupo, é como se eles ficassem no infinitivo, ou seja, uma forma verbal neutra que exprime apenas o evento, por exemplo:
A – EU TRABALHAR FACULDADE "eu trabalho na faculdade."
B – EL@ TRABALHAR FACULDADE "ele/a trabalha na faculdade."
C – EL@+ TRABALHAR NA FACULDADE "eles/as trabalham na faculdade."

Podem-se subdividir esses verbos do primeiro grupo em outros subgrupos por exemplo, os verbos de movimento e locomoção. Alguns deles podem ser derivados dos sinais para meios de transporte, por isso somente no contexto é que se pode perceber se eles estão sendo utilizados como substantivo ou verbo.

Exemplos de verbos de movimentos e locomoção

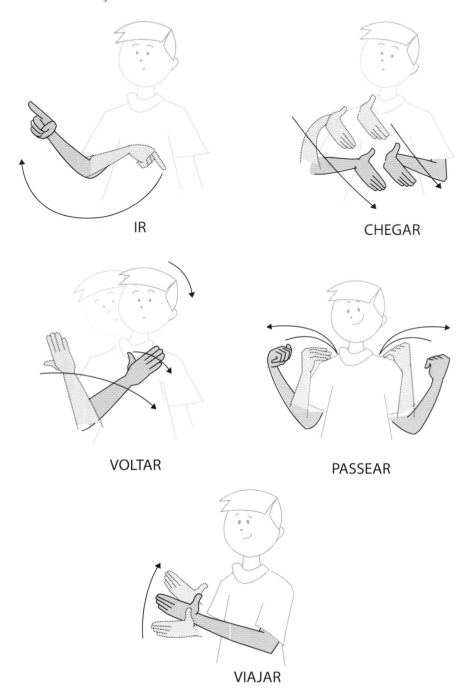

Os verbos do segundo grupo podem também ser subdivididos em:

Verbos que possuem concordância número-pessoal: a orientação marca as pessoas do discurso. O ponto inicial concorda com o sujeito e o final com objeto.
Exemplos:
1s PERGUNTAR 2s   "eu pergunto a você"
2s PERGUNTAR 1s   "você me pergunta"
3s PERGUNTAR 1s   "ela me pergunta"

Verbos classificadores – a configuração de mão é uma marca de concordância de gênero: PESSOA, ANIMAL ou COISA. Verbos que possuem concordância de gênero são chamados de verbos classificadores, porque concordam com o sujeito ou objeto da frase. Por exemplo, os verbos CAIR e ANDAR/MOVER, que, dependendo do sujeito da frase, terá uma configuração para concordar com a pessoa, a coisa ou o animal:
pessoa CAIR; veículo CAIR; coisa-redonda CAIR; coisa-fina-e-longa CAIR
pessoa ANDAR; veículo ANDAR / MOVER; animal ANDAR

Verbos que possuem concordância com a localização: são verbos que começam ou terminam em determinado lugar que se refere ao lugar de uma pessoa, animal, veículo ou coisa, que está sendo colocado, carregado etc. Portanto, o ponto de articulação marca a localização. Alguns desses verbos podem ter, também, classificadores, possuindo duas marcas de concordância: locativo e gênero.
Exemplos:
CABEÇAk   ATIRARk   "eu atiro na minha cabeça"
MESAi   COPO   objeto-arredondado
COLOCARi   "eu coloco o copo na mesa"

Concluindo, pode-se esquematizar o sistema de concordância verbal na LIBRAS da seguinte maneira:

A – concordância número-pessoal → parâmetro orientação
B – concordância de gênero e número → parâmetro configuração de mão
C – concordância de lugar → parâmetro ponto de articulação

Material de apoio para o aprendizado de LIBRAS

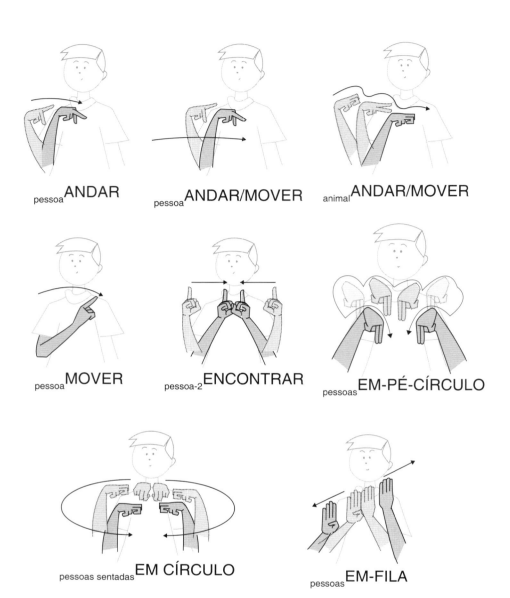

18

Classificadores

(1) Os classificadores e os adjetivos descritivos na LIBRAS

Nas línguas do mundo todo, as classificações podem se manifestar de várias formas:

- Uma desinência, como em português, que classifica os substantivos e os adjetivos em masculino e feminino: menina / menino; singular / plural: meninas / meninos.
- Uma partícula que se coloca entre as palavras.
- Uma desinência que se coloca no verbo para estabelecer concordância (modo / tempo, número / pessoa: am-á-va-mos).

Ao se atribuir uma qualidade a uma coisa, por exemplo, arredondada, quadrada, cheia de bolas, de listras etc., representa um tipo de qualificação, porque é uma adjetivação descritiva, mas isso não quer dizer que esse adjetivo seja um classificador, conceito esse trabalhado nos estudos linguísticos.

Para os estudiosos desse assunto, classificadores são formas que existem em número restrito em uma língua e estabelecem um tipo de concordância.

Na LIBRAS os classificadores são configurações de mãos que, relacionadas a coisa, pessoa e animal, funcionam como marcadores de concordância verbal.

Assim, na LIBRAS, os classificadores são formas que, substituindo o nome que as precede, vêm junto ao verbo para classificar o sujeito ou o objeto que está ligado à ação do verbo. Portanto, na LIBRAS os classificadores são marcadores de concordância de gênero: PESSOA, ANIMAL e COISA.

Os classificadores para PESSOA e ANIMAL podem ter plural, que é marcado ao representar duas pessoas ou animais simultaneamente com as duas mãos ou fazendo um movimento repetido em relação ao número.

Os classificadores para COISA representam, por meio da concordância, uma característica dessa coisa que está sendo o objeto da ação verbal.

Exemplos:

A – COPO   MESAk objeto   arredondadoCOLOCARk
B – 2 CARRO   veículoMOVER-UM-ATRÁS-DO-OUTRO (md)
veículoMOVER (me)
C – F-E-R-N-A-N-D-A   pessoa PASSAR-UM-PELO-OUTRO (md)
pessoa PASSAR (me)

Portanto, não se devem confundir os classificadores, que são algumas configurações de mãos incorporadas ao movimento de certos tipos de verbos e que são obrigatórias, com os adjetivos descritivos que, nas línguas de sinais, por serem espaço-visuais, representam iconicamente qualidades de objetos. Por exemplo, para dizer nessas línguas que "uma pessoa está vestindo uma blusa de bolinhas, quadriculada ou listrada", essas expressões adjetivas serão desenhadas no peito do emissor, mas essa descrição não é um classificador, e sim um adjetivo que, embora classifique, estabelece apenas uma relação de qualidade do objeto, e não relação de concordância de gênero: PESSOA, ANIMAL, COISA, que é a característica dos classificadores na LIBRAS e em outras línguas orais e de sinais.

Parte 3
Vocabulário

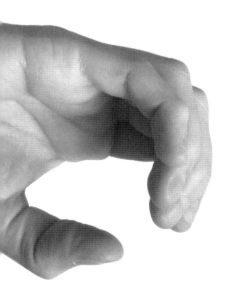

19
Família

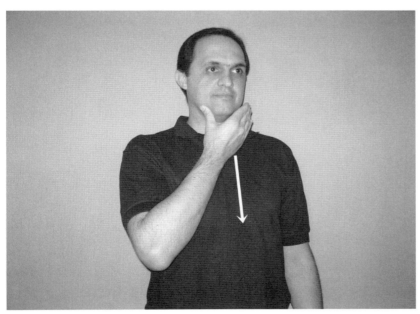

HOMEM

Material de apoio para o aprendizado de LIBRAS

MULHER

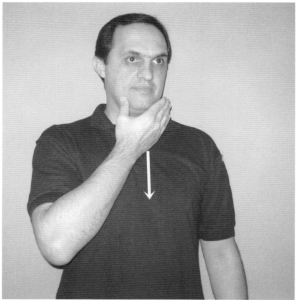 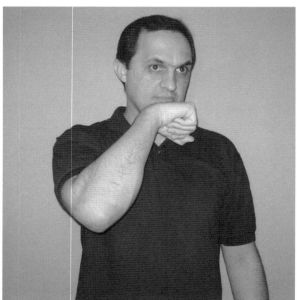

PAI

MÃE

FILHA/FILHO

Material de apoio para o aprendizado de LIBRAS

GÊMEO/GÊMEA

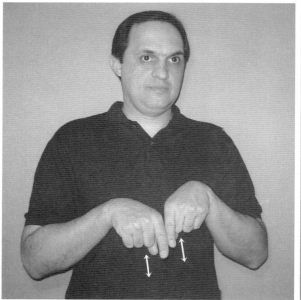

IRMÃ/IRMÃO

Família

NETA/NETO

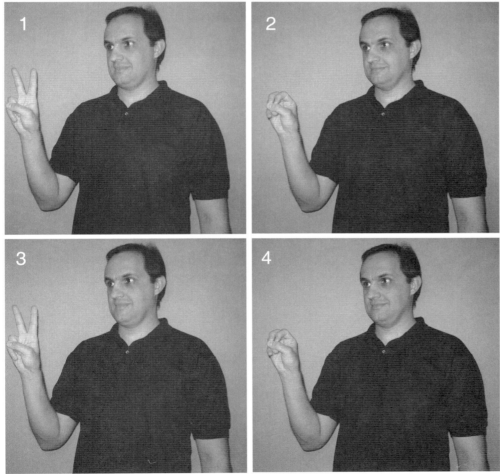
VOVÓ/VOVÔ

Material de apoio para o aprendizado de LIBRAS

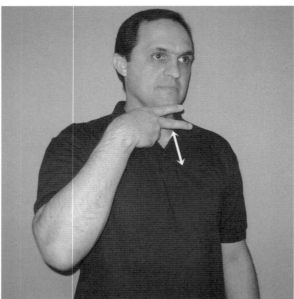

BISAVÓ/BISAVÔ

GENRO

NORA

TIA/TIO

Material de apoio para o aprendizado de LIBRAS

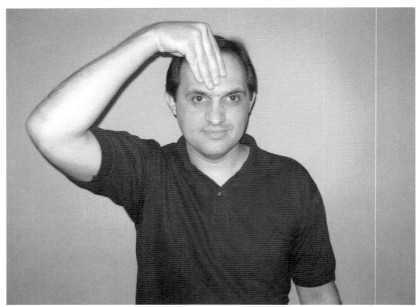

SOBRINHA/SOBRINHO

PRIMA/PRIMO

Família

CUNHADA/CUNHADO

SOGRA/SOGRO

 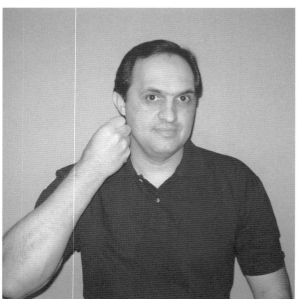

ADOTIVA/ADOTIVO

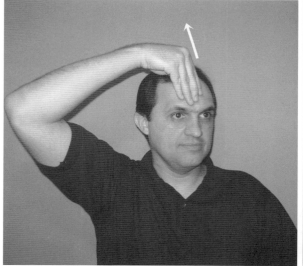 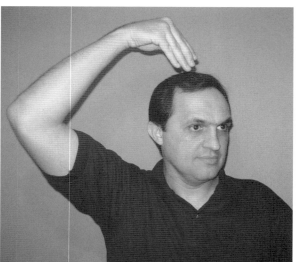

AFILHADA/AFILHADO/MADRINHA/PADRINHO

ESPOSA

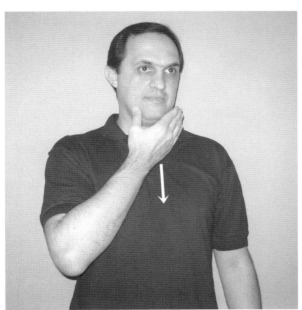 

ESPOSO

MADRASTA

Família

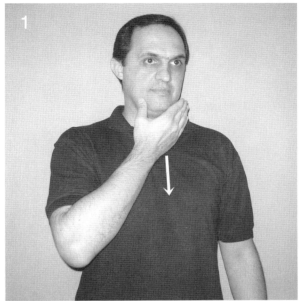
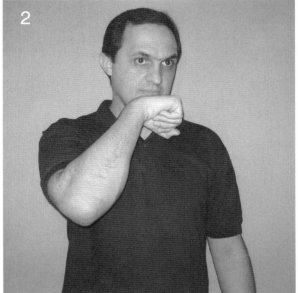

PADRASTO

DIVÓRCIO

FAMÍLIA

Família

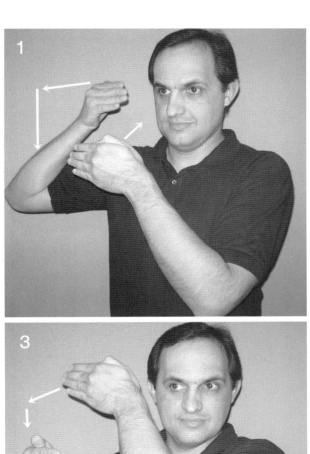
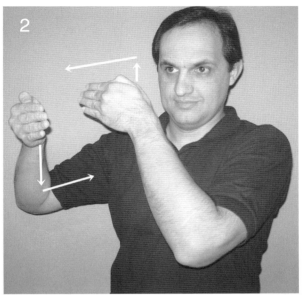
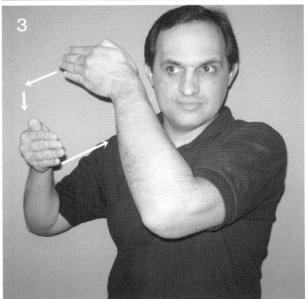

GERAÇÃO

20
Calendário

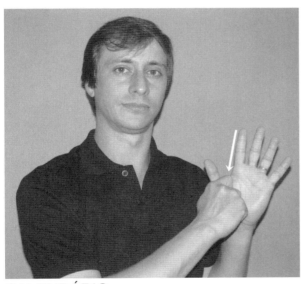

CALENDÁRIO

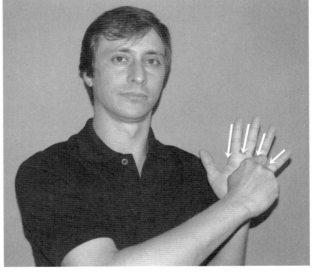

Material de apoio para o aprendizado de LIBRAS

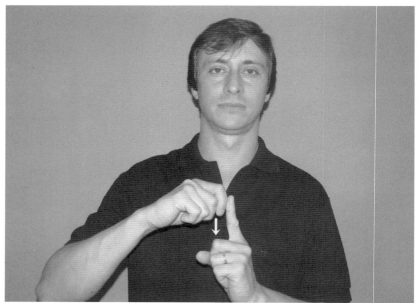
MÊS

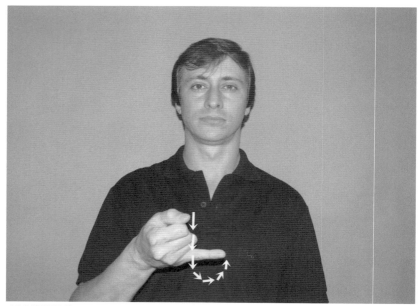
JANEIRO

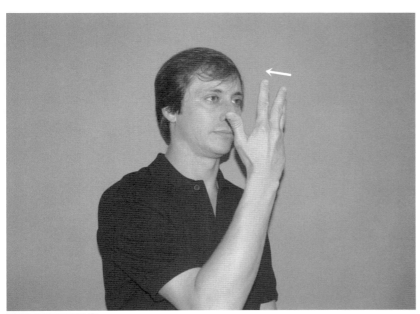
FEVEREIRO

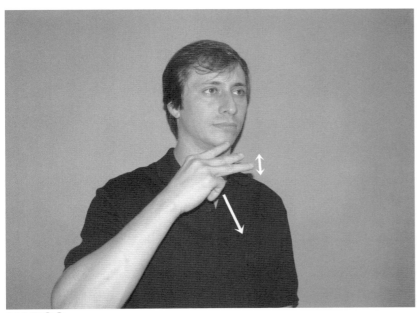
MARÇO

Material de apoio para o aprendizado de LIBRAS

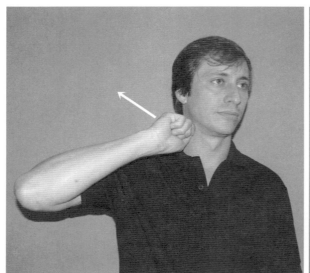
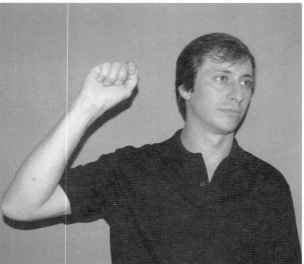

ABRIL

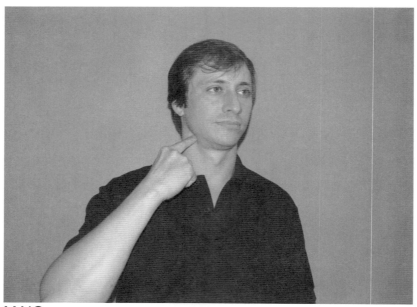

MAIO

Calendário

JUNHO

JULHO

Material de apoio para o aprendizado de LIBRAS

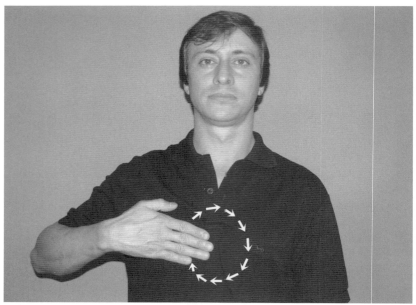
AGOSTO

SETEMBRO

Calendário

OUTUBRO

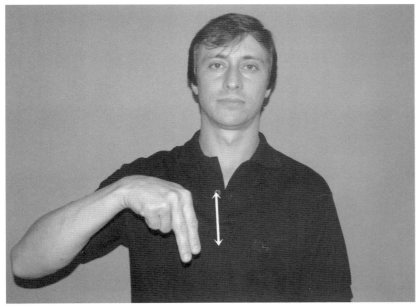

NOVEMBRO

Material de apoio para o aprendizado de LIBRAS

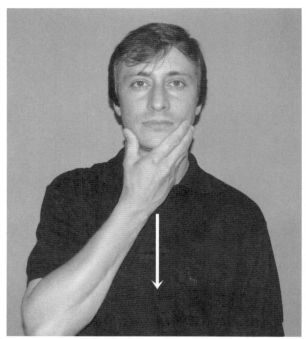 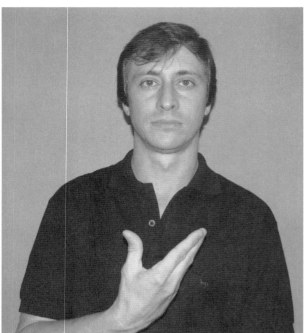

DEZEMBRO

AMANHÃ

Calendário

HOJE

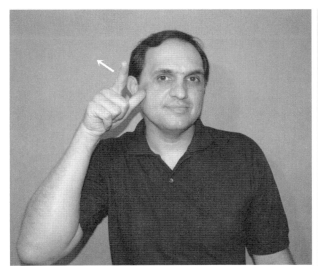 

ONTEM

Material de apoio para o aprendizado de LIBRAS

DIA

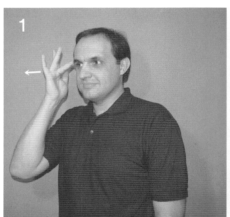

DEPOIS DE AMANHÃ

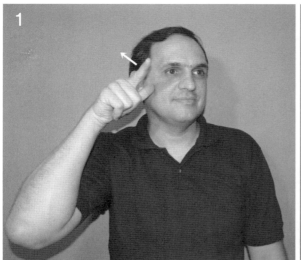

ANTEONTEM

Material de apoio para o aprendizado de LIBRAS

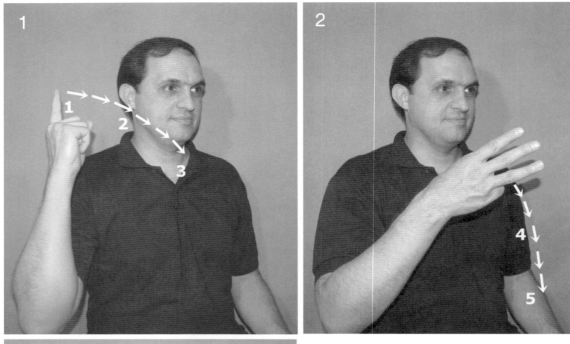

MADRUGADA

Calendário

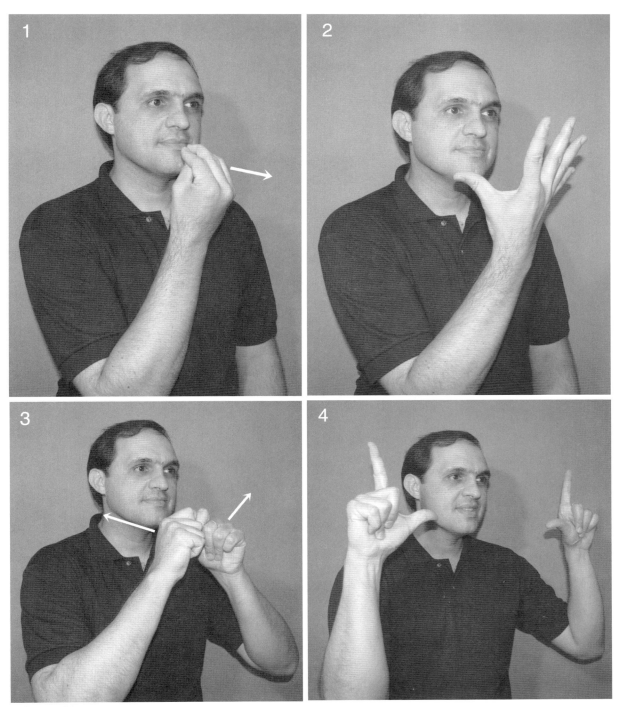

BOM DIA

Material de apoio para o aprendizado de LIBRAS

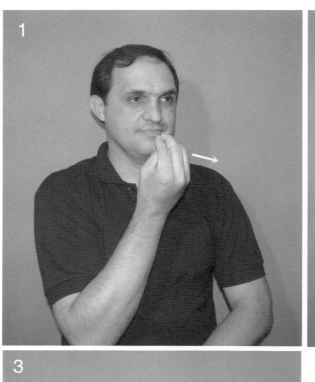
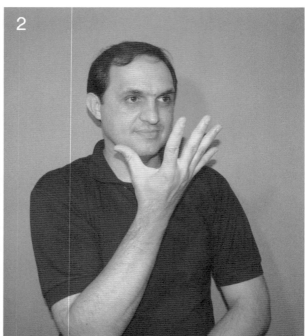

BOA TARDE

Calendário

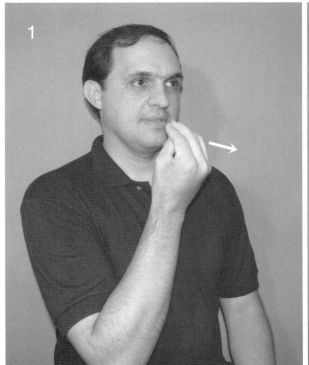
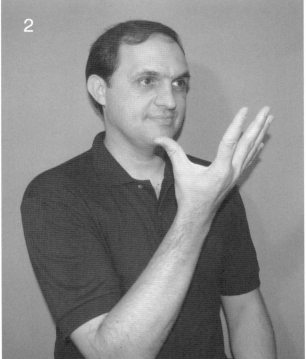
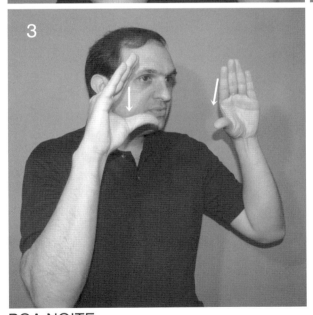

BOA NOITE

21
Cores

AZUL

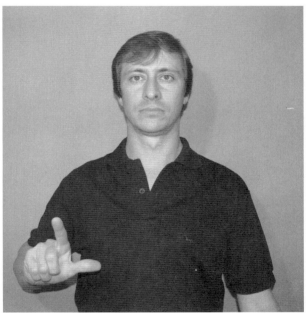

Material de apoio para o aprendizado de LIBRAS

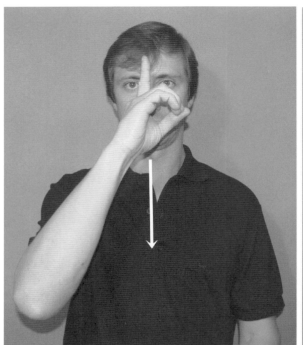 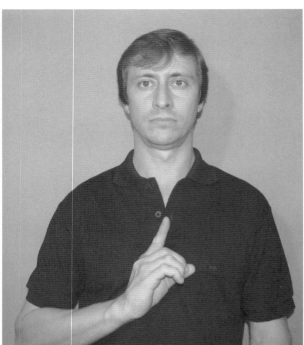

AMARELA

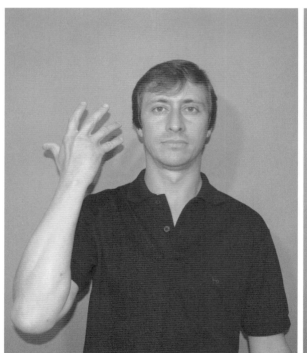 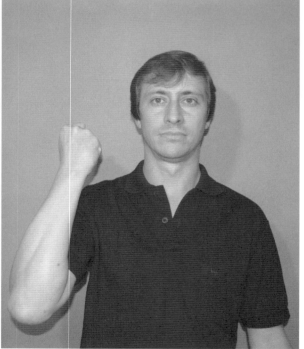

BRANCA

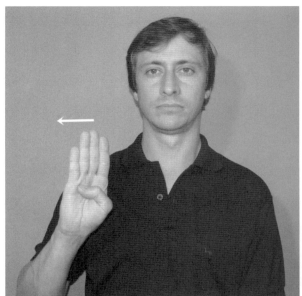 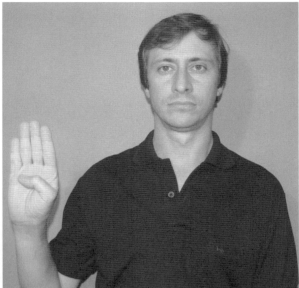

BEGE

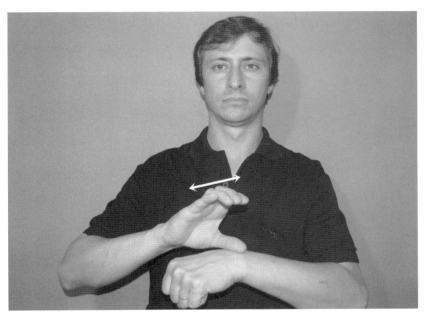

CINZA

Material de apoio para o aprendizado de LIBRAS

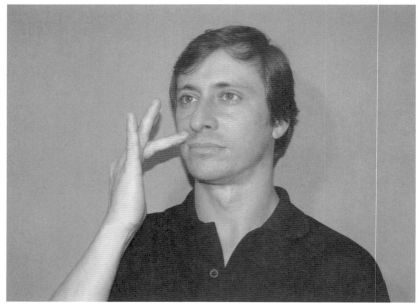

DOURADA

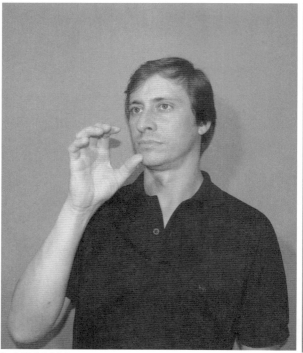

LARANJA

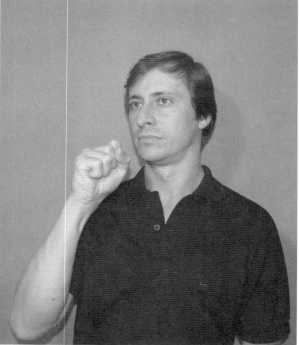

Cores

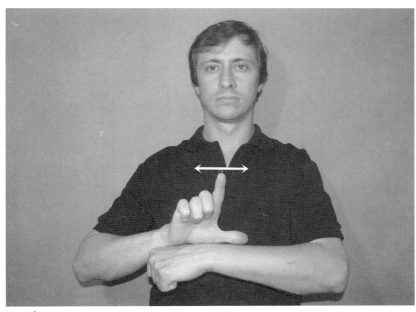

LILÁS

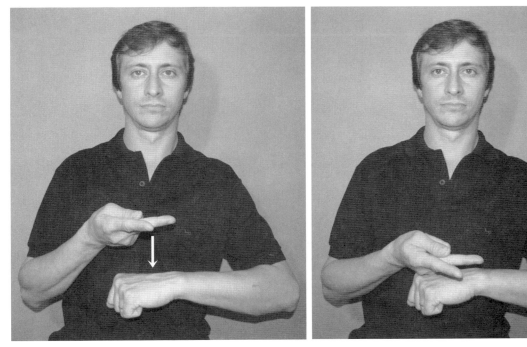

PRATA

Material de apoio para o aprendizado de LIBRAS

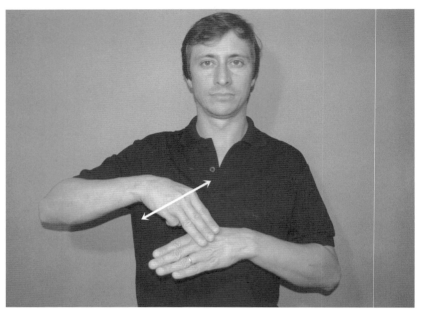

MARROM

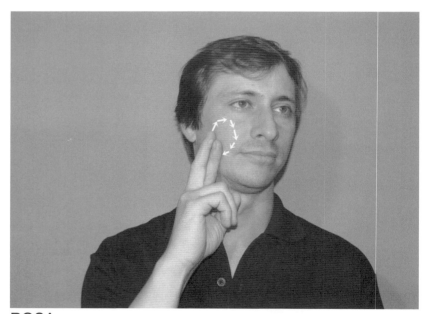

ROSA

Cores

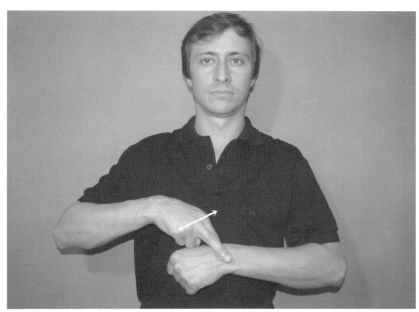

ROXO

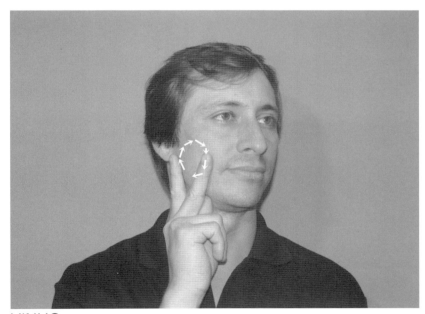

VINHO

Material de apoio para o aprendizado de LIBRAS

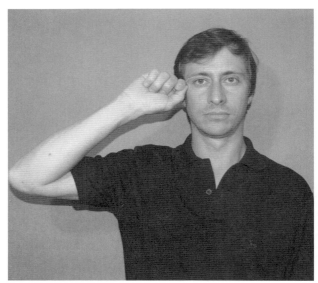
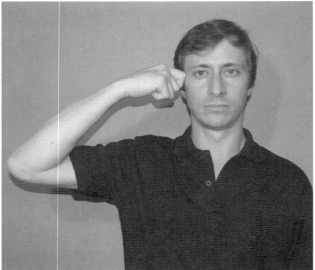

PRETO

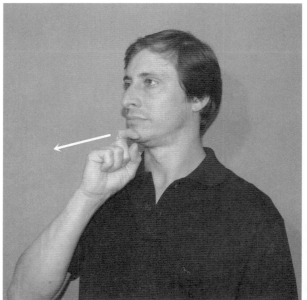
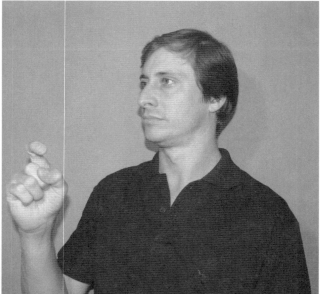

VERDE

 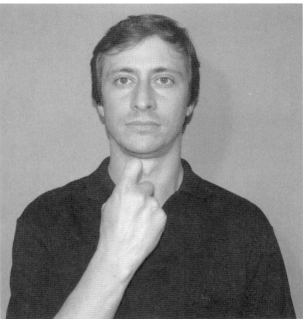

VERMELHA

22
Alimentos

ABÓBORA

Material de apoio para o aprendizado de LIBRAS

AÇÚCAR

ALFACE

Alimentos

ALHO

AMENDOIM

Material de apoio para o aprendizado de LIBRAS

ARROZ

AZEITE

Alimentos

BATATA

BERINJELA

Material de apoio para o aprendizado de LIBRAS

BETERRABA

BISCOITO

Alimentos

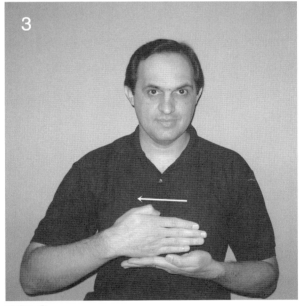

BOLO

Material de apoio para o aprendizado de LIBRAS

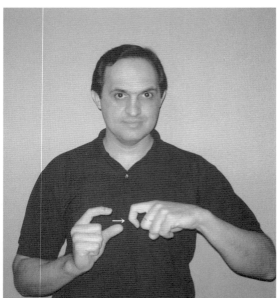

BRÓCOLIS

CACHORRO-QUENTE

Alimentos

CARNE

CEBOLA

Material de apoio para o aprendizado de LIBRAS

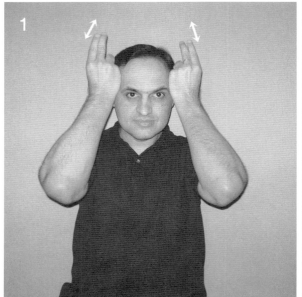
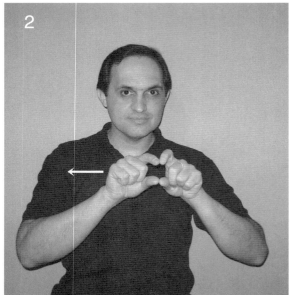

CENOURA

Alimentos

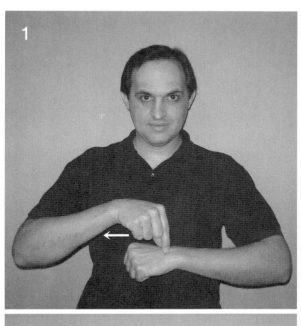
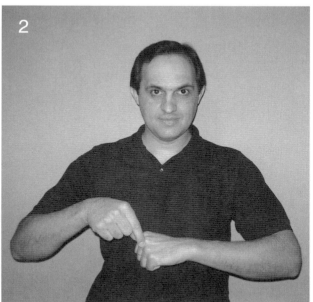
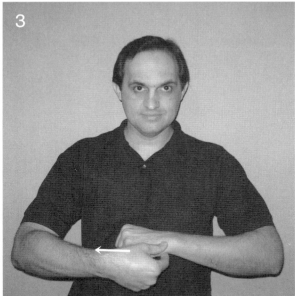

CHUCHU

Material de apoio para o aprendizado de LIBRAS

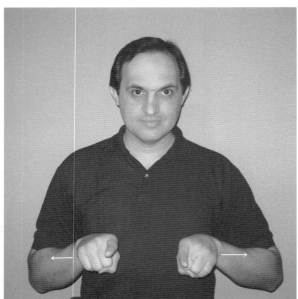

CHURRASCO

COUVE-FLOR

Alimentos

ERVILHA

FARINHA

Material de apoio para o aprendizado de LIBRAS

FEIJÃO

FRANGO

Alimentos

GELATINA

LINGUIÇA

Material de apoio para o aprendizado de LIBRAS

MACARRÃO

MANTEIGA

Alimentos

MILHO

NOZ

Material de apoio para o aprendizado de LIBRAS

ÓLEO

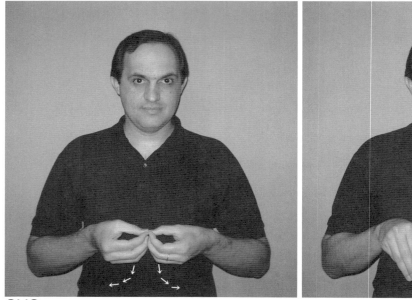 

OVO

Alimentos

PÃO

PASTEL

Material de apoio para o aprendizado de LIBRAS

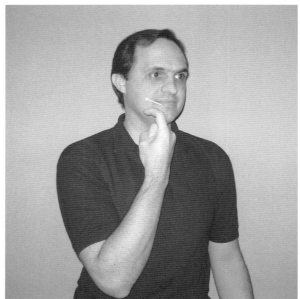
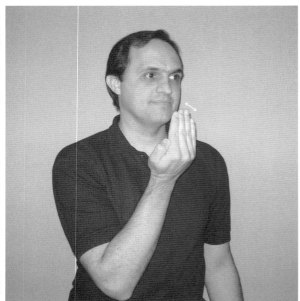

PEIXE

PIMENTÃO

Alimentos

PIZZA

23

Frutas

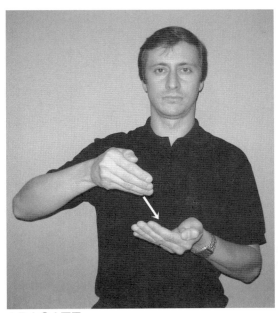
ABACATE
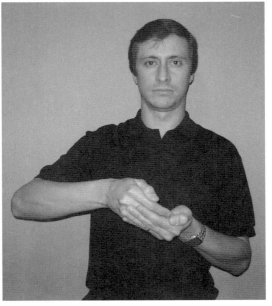

Material de apoio para o aprendizado de LIBRAS

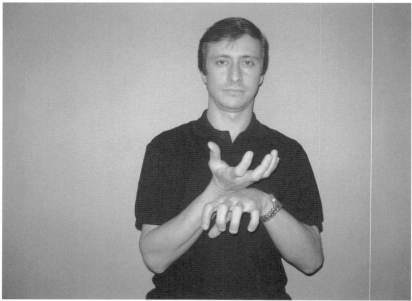

ABACAXI

 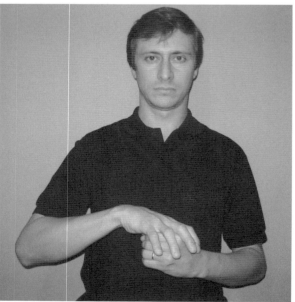

AMORA

BANANA

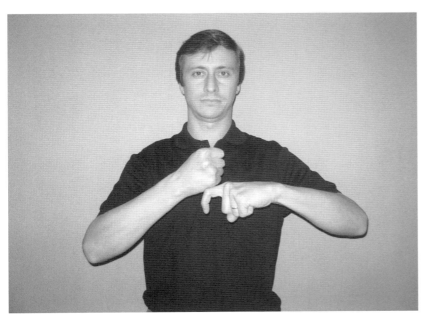

CAJU

Material de apoio para o aprendizado de LIBRAS

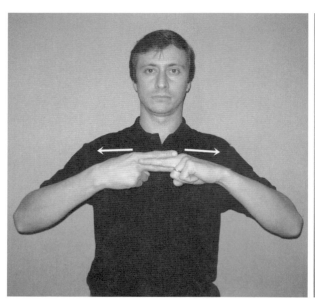 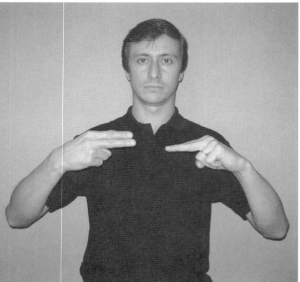

CARAMBOLA

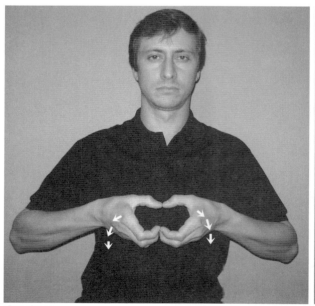 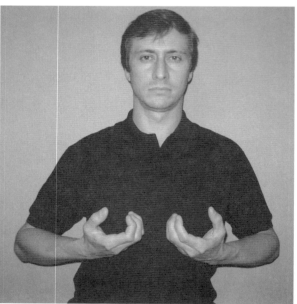

CAQUI

Frutas

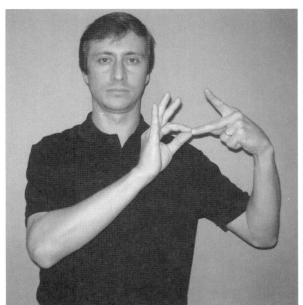 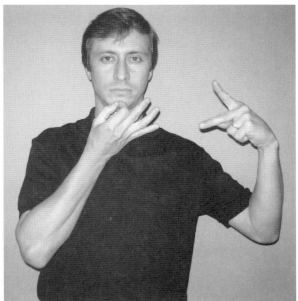

CEREJA

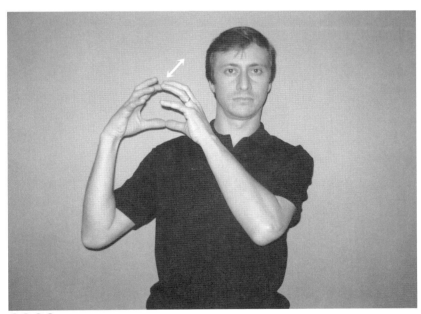

COCO

Material de apoio para o aprendizado de LIBRAS

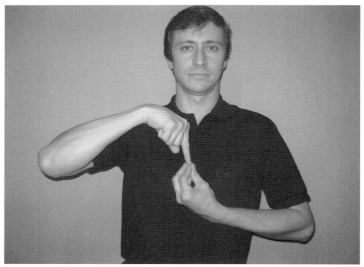

FIGO

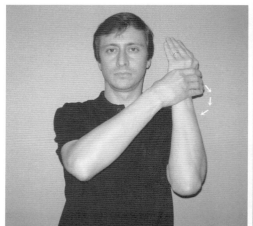
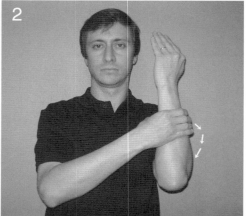
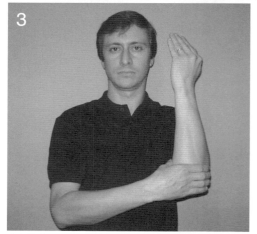

JACA

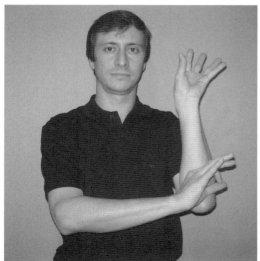
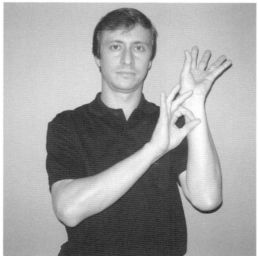

JABUTICABA

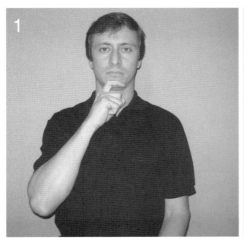
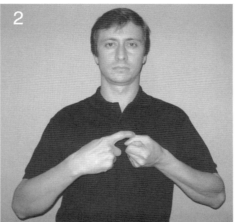
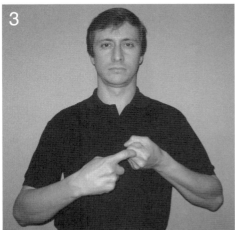

KIWI

Material de apoio para o aprendizado de LIBRAS

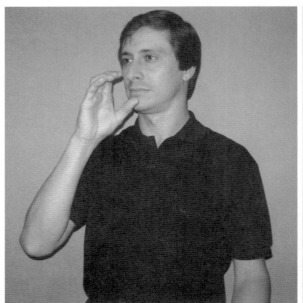 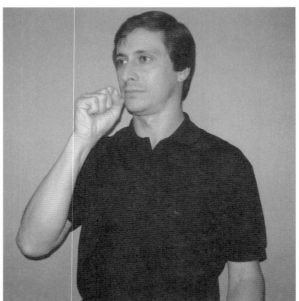

LARANJA

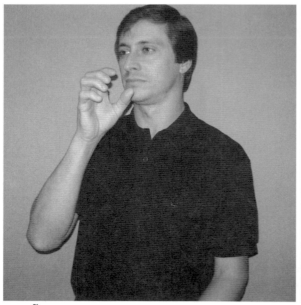 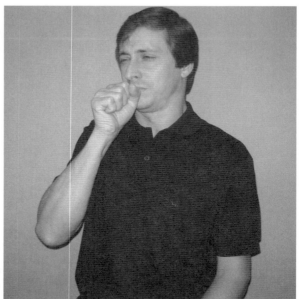

LIMÃO

Frutas

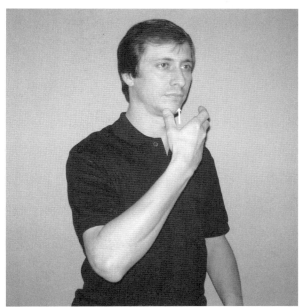 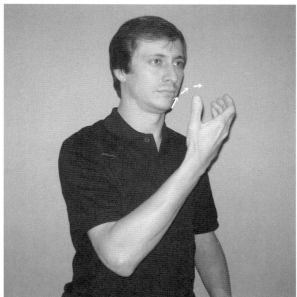

MAÇÃ

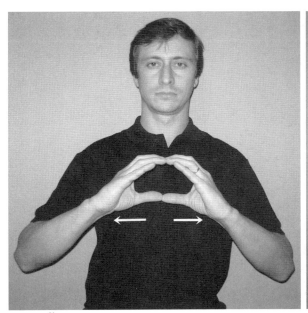 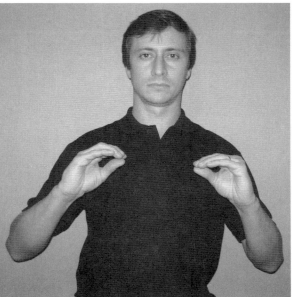

MAMÃO

Material de apoio para o aprendizado de LIBRAS

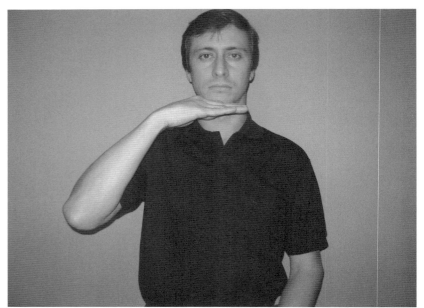

MANGA

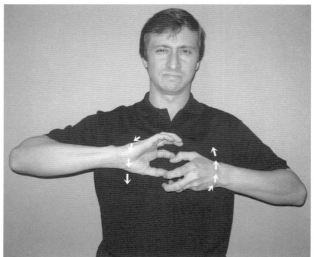

MARACUJÁ

Frutas

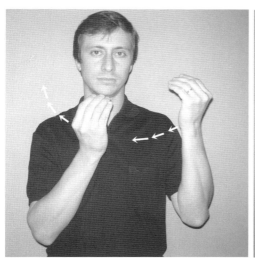

MELANCIA

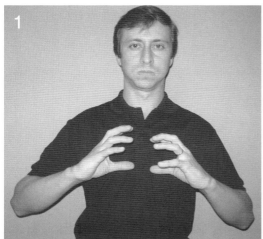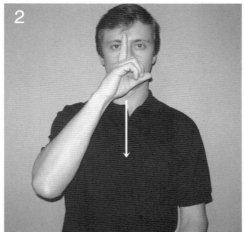

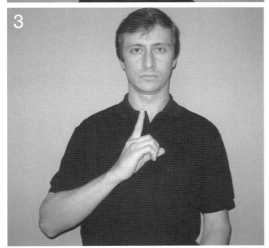

MELÃO

Material de apoio para o aprendizado de LIBRAS

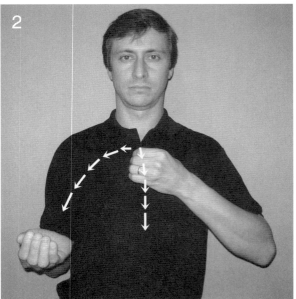
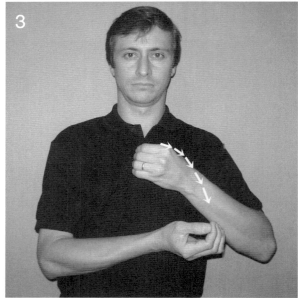

MEXERICA

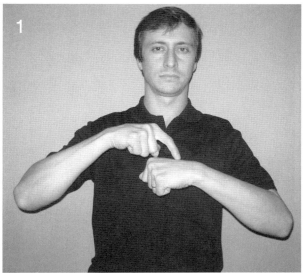

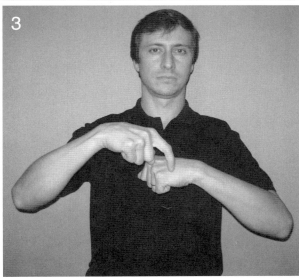

MORANGO

Material de apoio para o aprendizado de LIBRAS

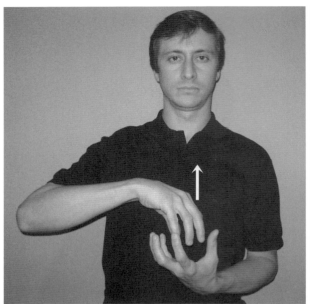
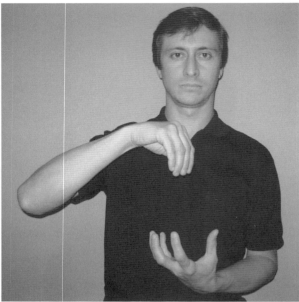

PERA

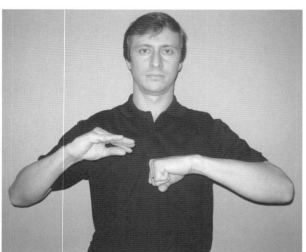

PÊSSEGO

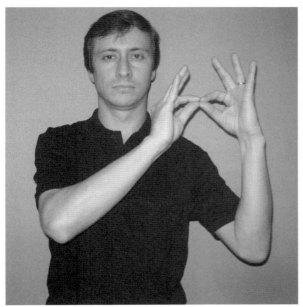 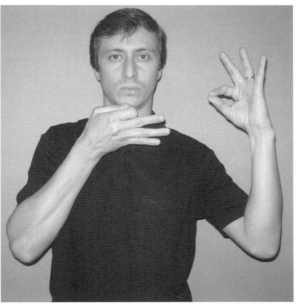

UVA

24

Casa

ABAJUR

Material de apoio para o aprendizado de LIBRAS

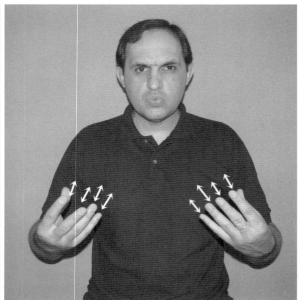

BANHEIRA

BANHEIRO

Casa

CABIDE

CADEIRA

203

Material de apoio para o aprendizado de LIBRAS

CAMA

CASA

Casa

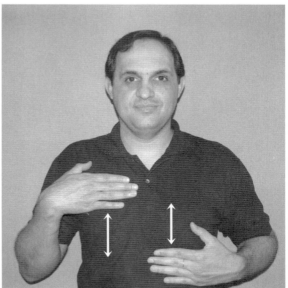

CHUVEIRO

COBERTOR

205

Material de apoio para o aprendizado de LIBRAS

COLHER

COPO

Casa

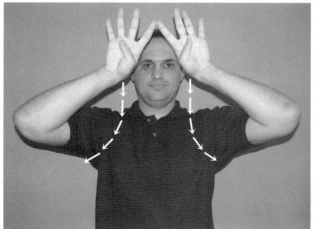

CORTINA

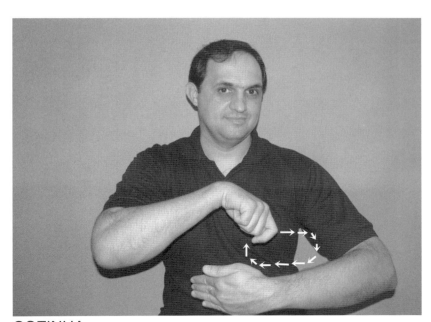

COZINHA

Material de apoio para o aprendizado de LIBRAS

FACA

DVD

Casa

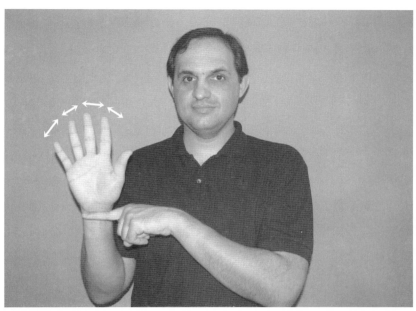
FILME

FOGÃO

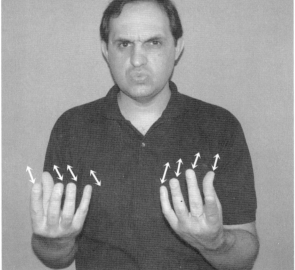

Material de apoio para o aprendizado de LIBRAS

GARFO

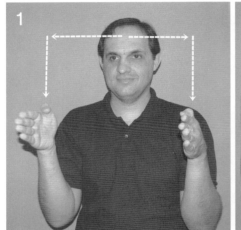

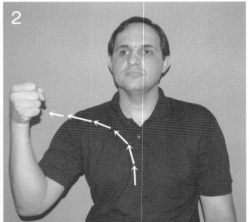

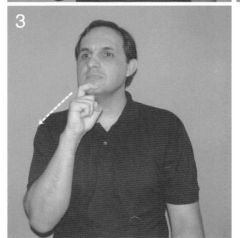
GELADEIRA

Casa

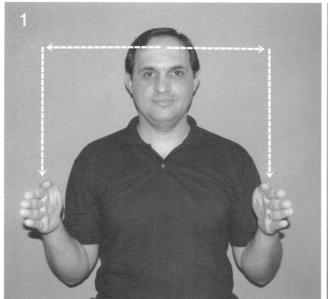
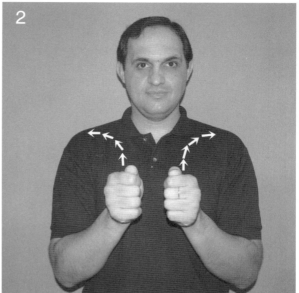

GUARDA-ROUPA

Material de apoio para o aprendizado de LIBRAS

 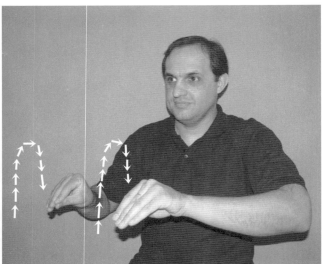

LENÇOL

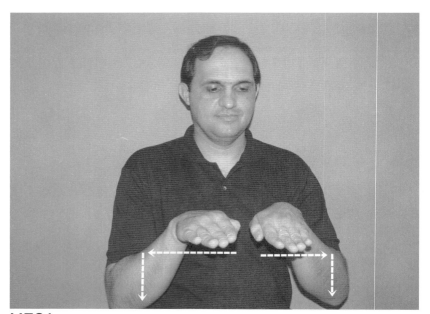

MESA

Casa

MICRO-ONDAS

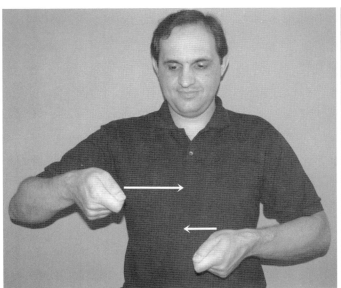 

PANELA DE PRESSÃO

Material de apoio para o aprendizado de LIBRAS

PAPEL HIGIÊNICO

PIA

Casa

PORTA

PRATO

Material de apoio para o aprendizado de LIBRAS

QUARTO

SALA

OU

Casa

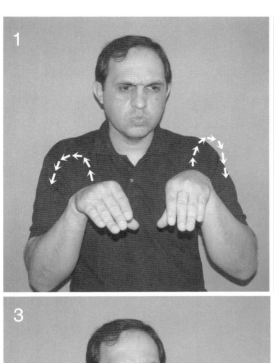

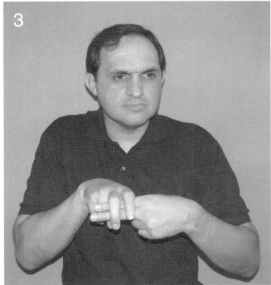

SOFÁ

Material de apoio para o aprendizado de LIBRAS

TAPETE

TELEVISÃO

Casa

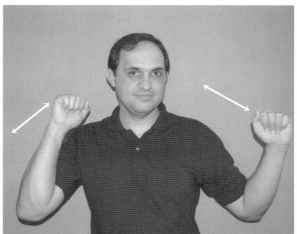 

TOALHA

TRAVESSEIRO

Material de apoio para o aprendizado de LIBRAS

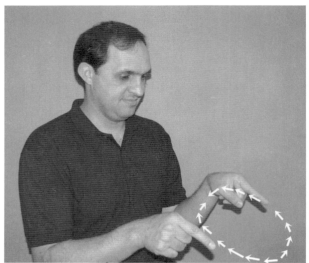
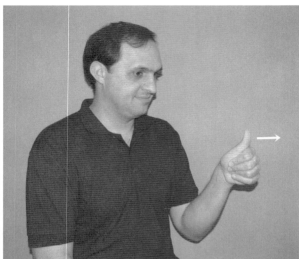

VASO SANITÁRIO

XÍCARA

25
Material escolar

APAGADOR

APONTADOR

BOLSA

Material escolar

BORRACHA

CADERNO

CALCULADORA

CANETA

Material escolar

CLIPES

COLA

Material de apoio para o aprendizado de LIBRAS

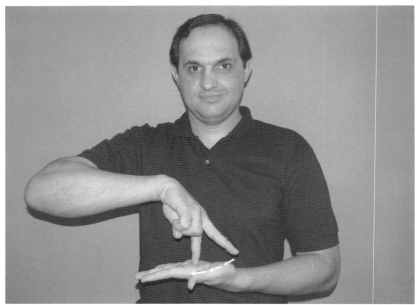
COMPASSO

COMPUTADOR

Material escolar

DICIONÁRIO

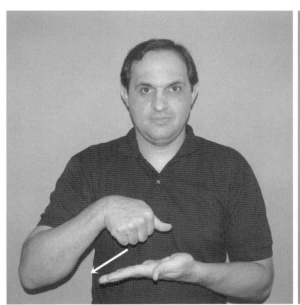

DUREX

Material de apoio para o aprendizado de LIBRAS

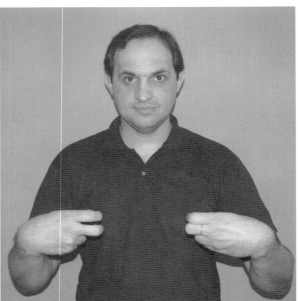

ELÁSTICO

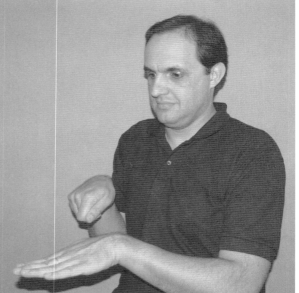

ESTILETE

Material escolar

ESTOJO

FAX

Material de apoio para o aprendizado de LIBRAS

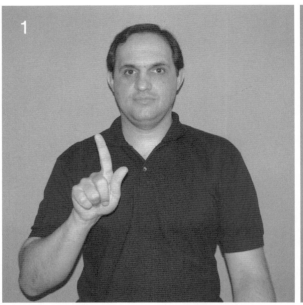
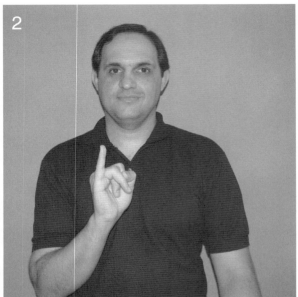
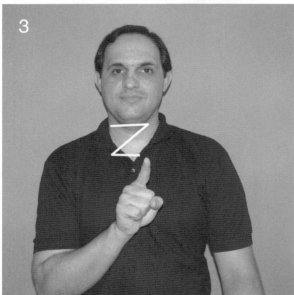

GIZ

Material escolar

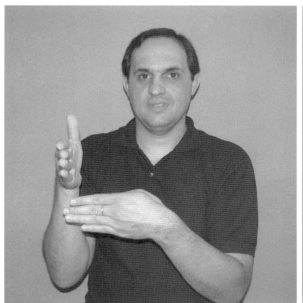

GRAMPEADOR

IMPRESSORA

Material de apoio para o aprendizado de LIBRAS

LÁPIS

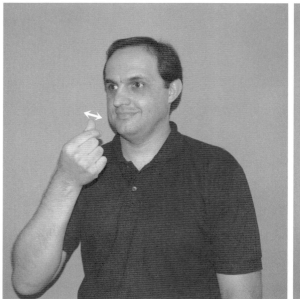

LÁPIS DE COR

Material escolar

LIVRO

MOCHILA

Material de apoio para o aprendizado de LIBRAS

NOTEBOOK

PAPEL

Material escolar

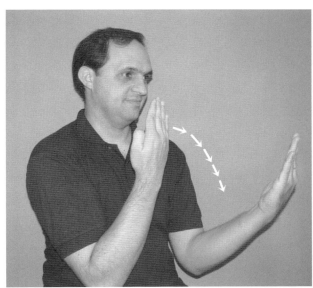

PASTA

RÉGUA

Material de apoio para o aprendizado de LIBRAS

TELEFONE

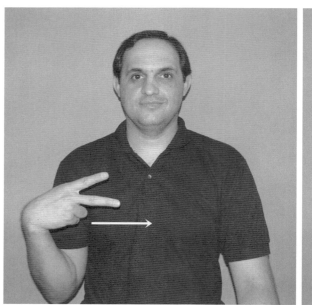

TESOURA

26
Meios de transporte

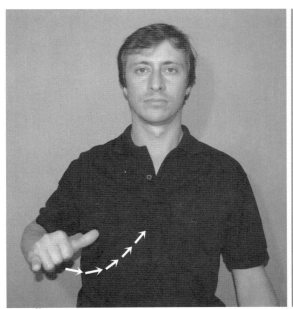
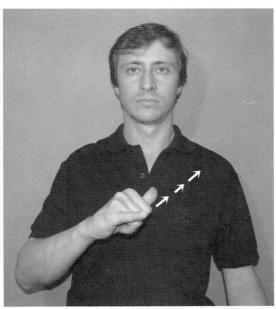

AVIÃO

Material de apoio para o aprendizado de LIBRAS

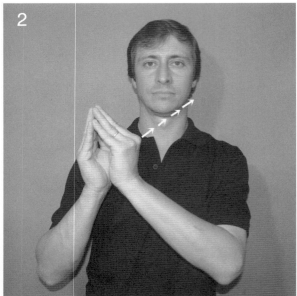
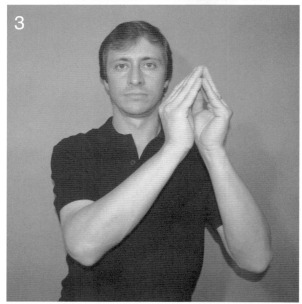

BALÃO

Meios de transporte

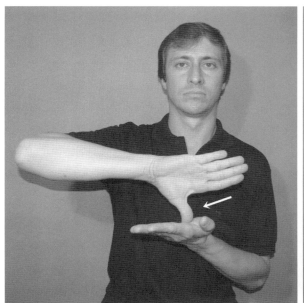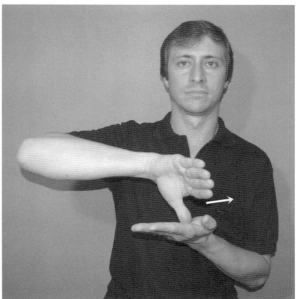

BARCO A VELA

BICICLETA

Material de apoio para o aprendizado de LIBRAS

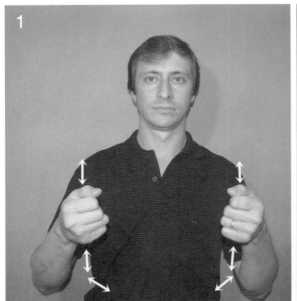
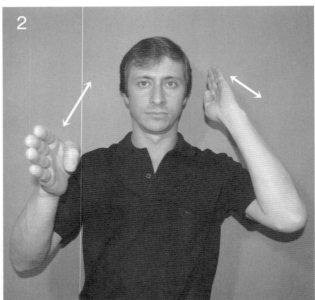
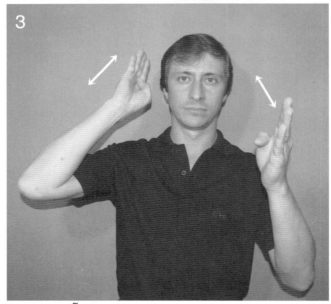

CAMINHÃO

Meios de transporte

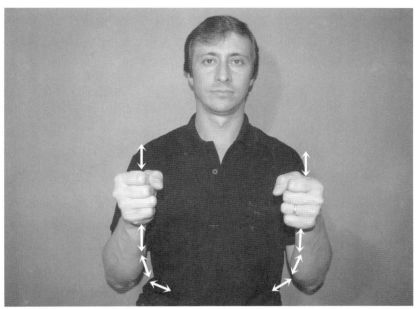
CARRO

FOGUETE
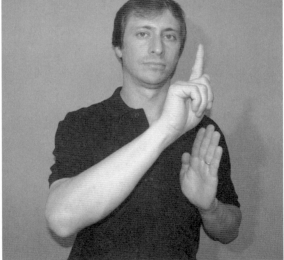

Material de apoio para o aprendizado de LIBRAS

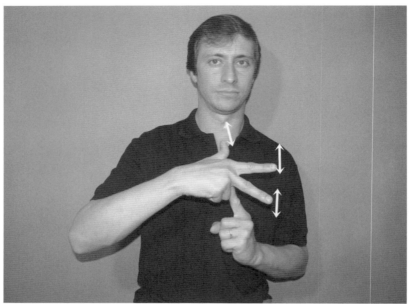

HELICÓPTERO

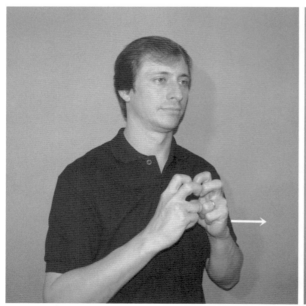 

METRÔ

Meios de transporte

MOTOCICLETA

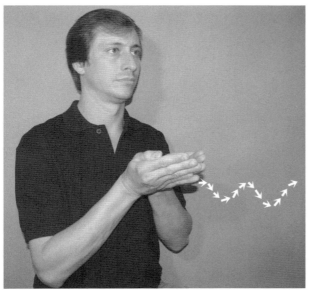 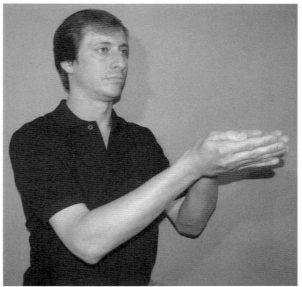

NAVIO

Material de apoio para o aprendizado de LIBRAS

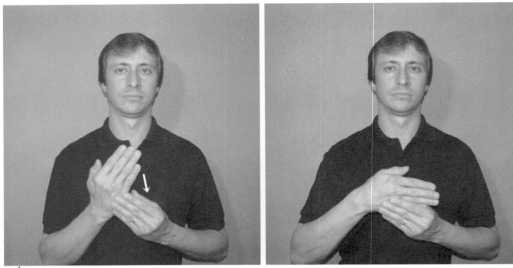
TÁXI

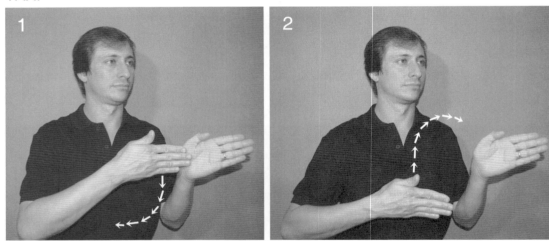

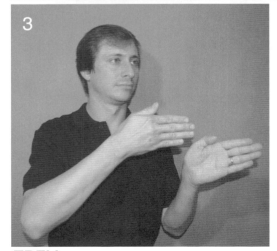
TREM

Meios de transporte

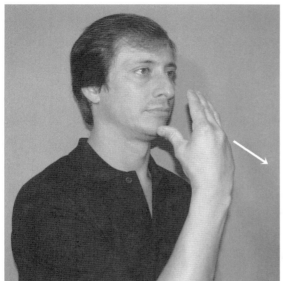 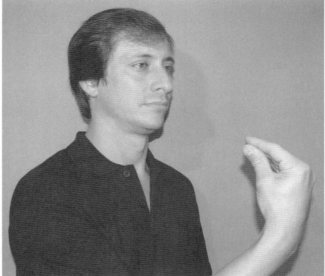

VAN

27
Adjetivos

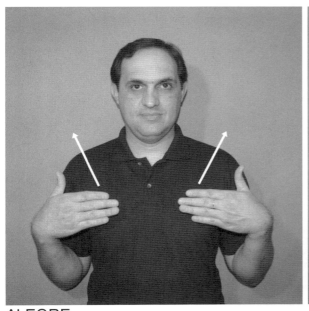
ALEGRE

Material de apoio para o aprendizado de LIBRAS

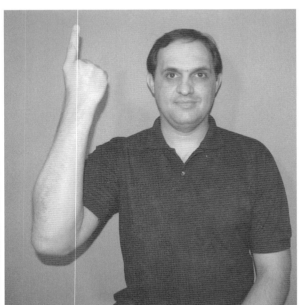

ALTO

AMOROSO

Adjetivos

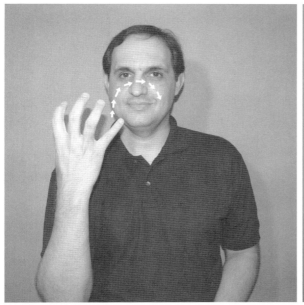 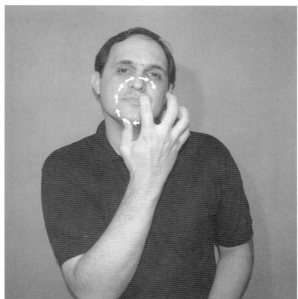

APAIXONADO

BAIXO

Material de apoio para o aprendizado de LIBRAS

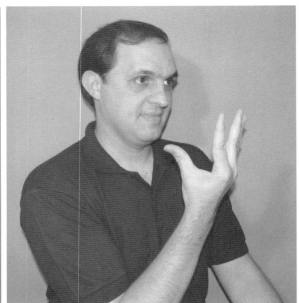

BOM

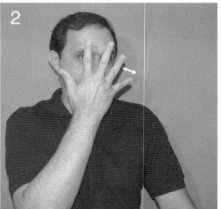
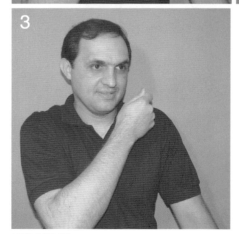

BONITO

Adjetivos

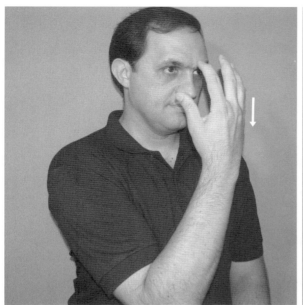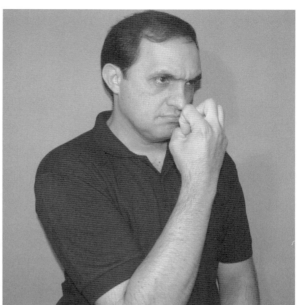

BRAVO

CALMO

Material de apoio para o aprendizado de LIBRAS

CORAJOSO

 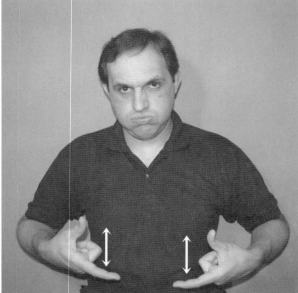

CHATO

CLARO

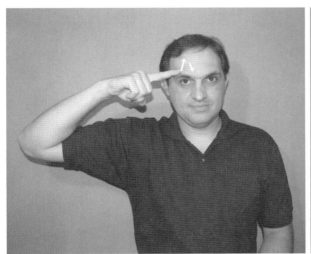 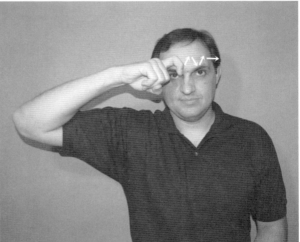

DIFÍCIL

Material de apoio para o aprendizado de LIBRAS

DURO

ENVERGONHADO

Adjetivos

ESCURO

FEIO

Material de apoio para o aprendizado de LIBRAS

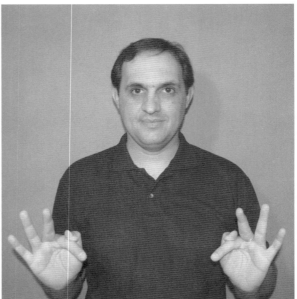

FELIZ

FINO

Adjetivos

FORTE

FRACO

257

Material de apoio para o aprendizado de LIBRAS

GORDO

GRANDE

Adjetivos

GROSSO

INIMIGO

Material de apoio para o aprendizado de LIBRAS

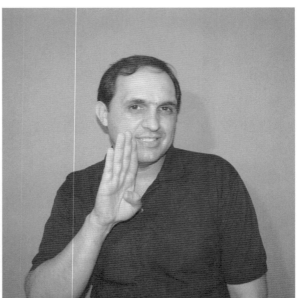

LEGAL

MAGRO

Adjetivos

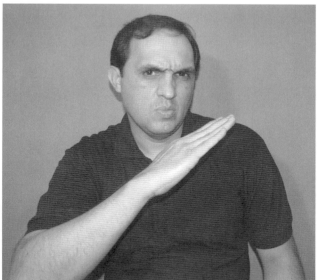

MAU

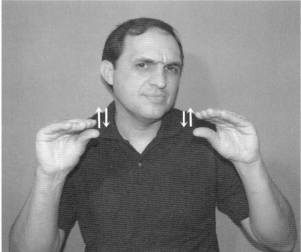

MOLE

NERVOSO

RÁPIDO

Adjetivos

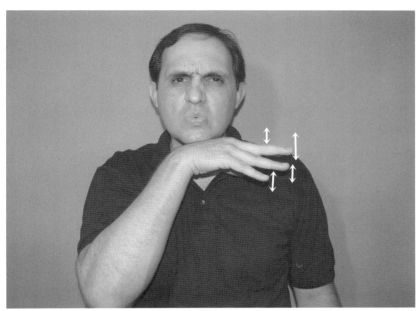

RUIM

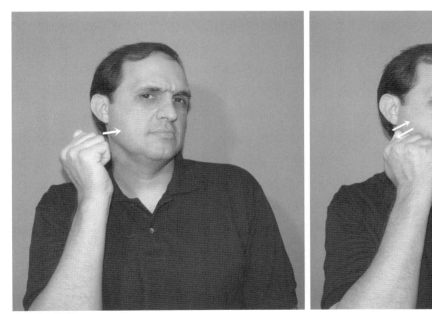

SAFADO

Material de apoio para o aprendizado de L BRAS

TEIMOSO

TRISTE

28
Local

CASA

 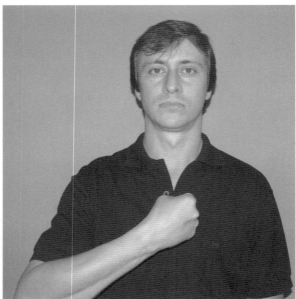

CHOPERIA

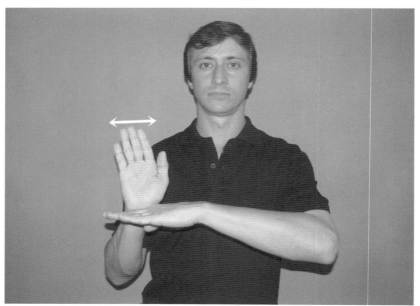

CINEMA

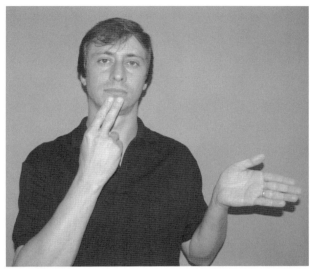 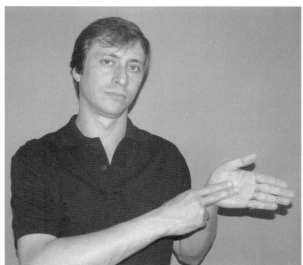

CORREIOS

 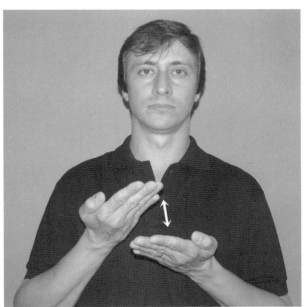

ESCOLA

FACULDADE

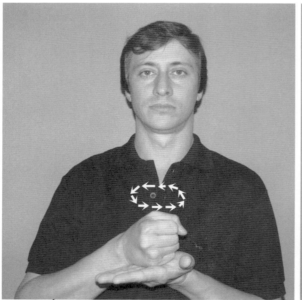 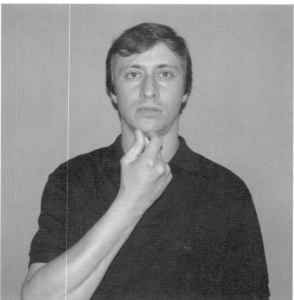

FARMÁCIA

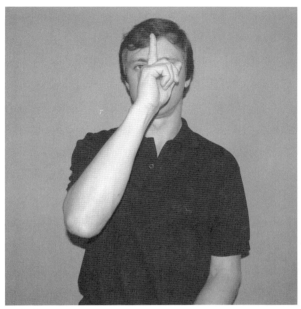

HOSPITAL

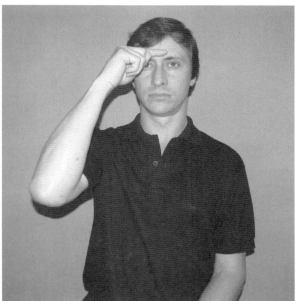

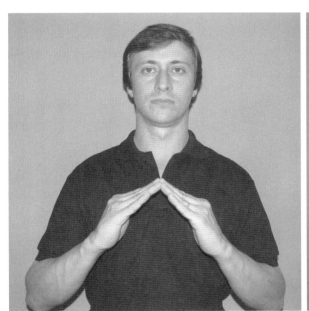

IGREJA

Material de apoio para o aprendizado de LIBRAS

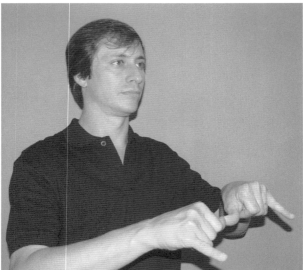

MERCADO

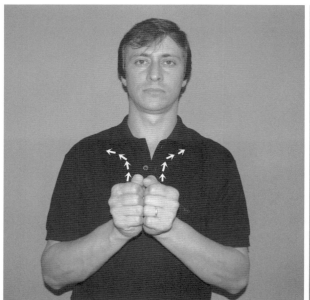

PADARIA

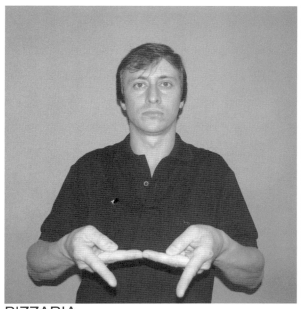

PIZZARIA

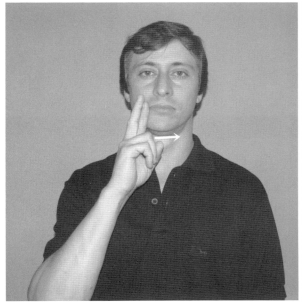

RESTAURANTE

Material de apoio para o aprendizado de LIBRAS

 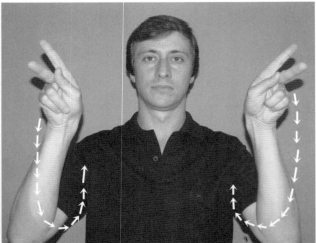

SHOPPING

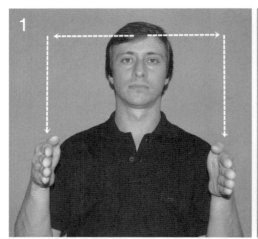 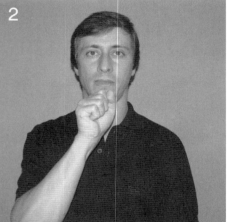

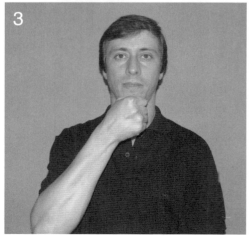

SORVETERIA

Local

UNIVERSIDADE

29
Financeiro

AUMENTO

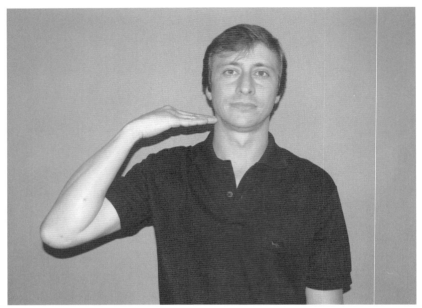

BANCO

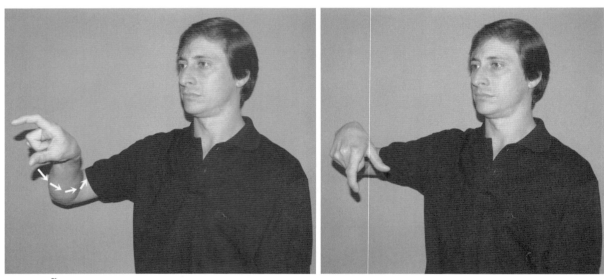

CARTÃO

Financeiro

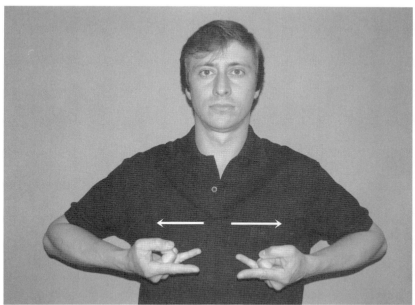
CHEQUE

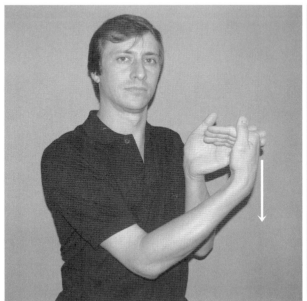
DESCONTO

Material de apoio para o aprendizado de LIBRAS

DINHEIRO

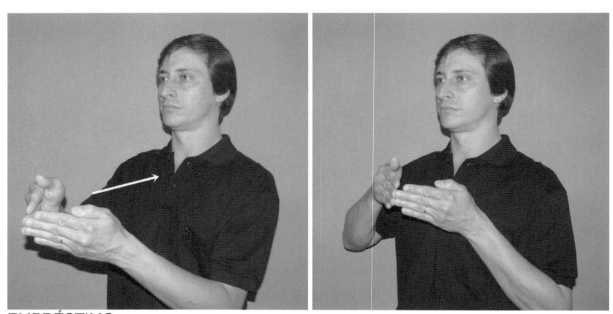

EMPRÉSTIMO

Financeiro

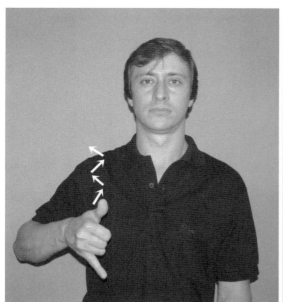

JUROS

MOEDA

Material de apoio para o aprendizado de LIBRAS

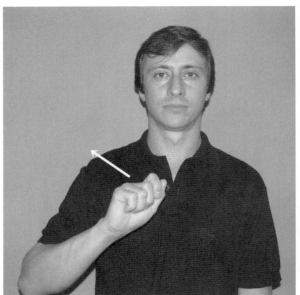

MUITO CARO

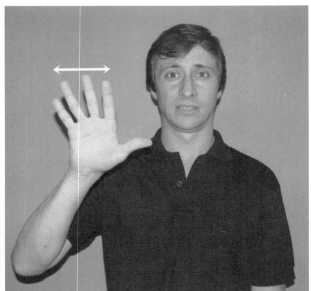

NOTA DINHEIRO

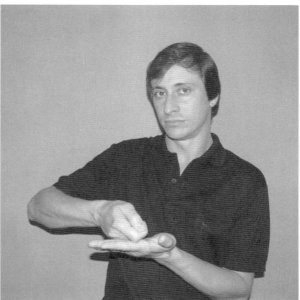

PAGAMENTO

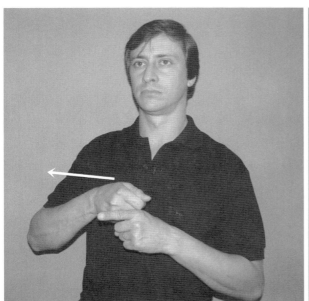

PAGAR A PRAZO

Material de apoio para o aprendizado de LIBRAS

PAGAR À VISTA

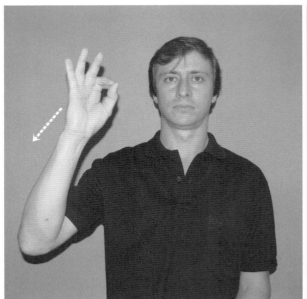

PORCENTAGEM

Financeiro

POUPANÇA

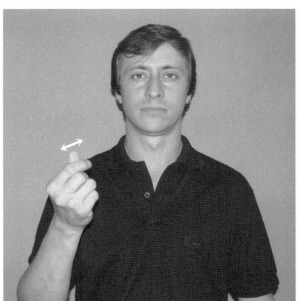 

PREÇO BAIXO

Material de apoio para o aprendizado de LIBRAS

PRESTAÇÃO

 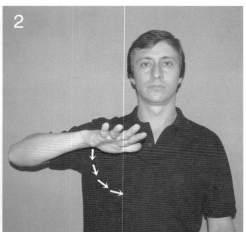

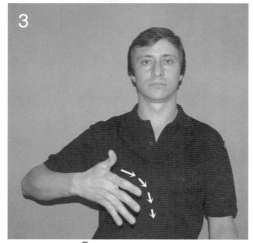

PROMOÇÃO

Financeiro

REAL

SAQUE

30

Verbos

ABRIR

Material de apoio para o aprendizado de LIBRAS

ACABAR

ACORDAR

ACREDITAR

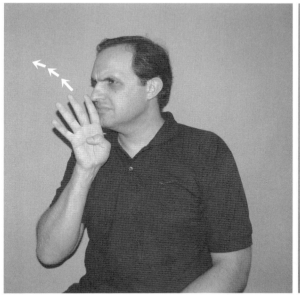 

ACUSAR

AJOELHAR

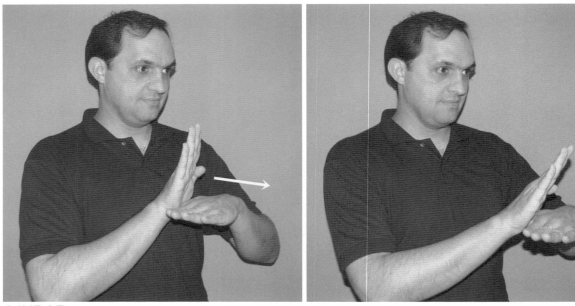

AJUDAR

AMAR

ANDAR

Material de apoio para o aprendizado de LIBRAS

APRENDER

ARREPENDER

ATRAPALHAR

ATRASAR

Material de apoio para o aprendizado de LIBRAS

AVISAR

BATER

BEBER

BRIGAR

Material de apoio para o aprendizado de LIBRAS

BRINCAR

CAIR

Verbos

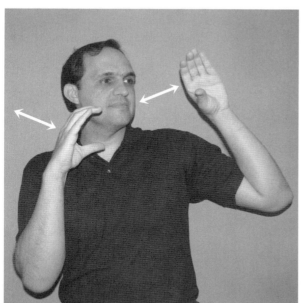 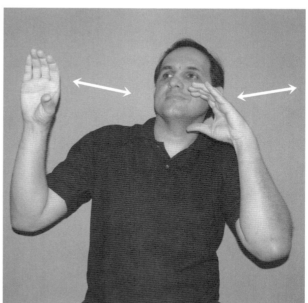

CANTAR

CHAMAR

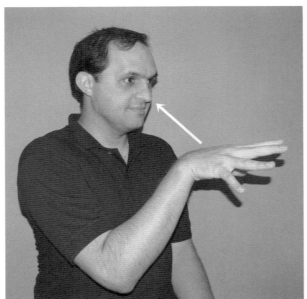 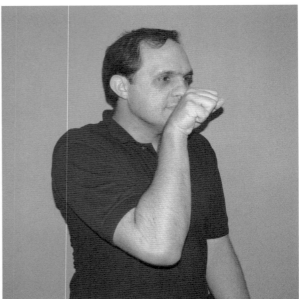

CHEIRAR

CHORAR

COMBINAR

COMEÇAR

Material de apoio para o aprendizado de LIBRAS

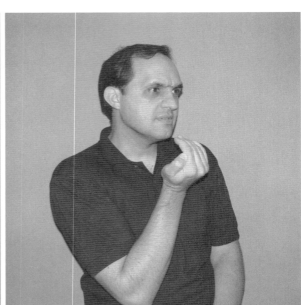

COMER

COMPRAR

CONHECER

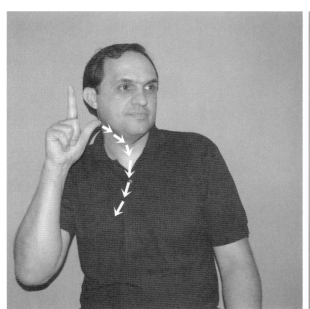

CONSEGUIR

Material de apoio para o aprendizado de LIBRAS

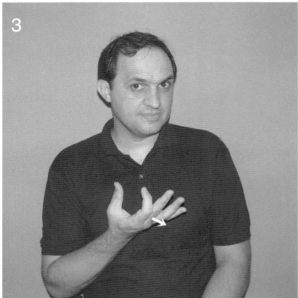

CONTAR

Verbos

CONVERSAR

CUIDAR

Material de apoio para o aprendizado de LIBRAS

DESCULPAR

DORMIR

ENCONTRAR

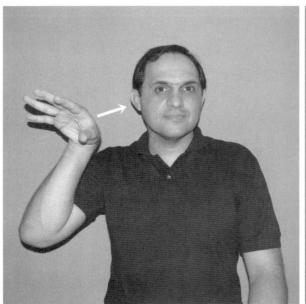

ESCUTAR/OUVIR

ESPERAR

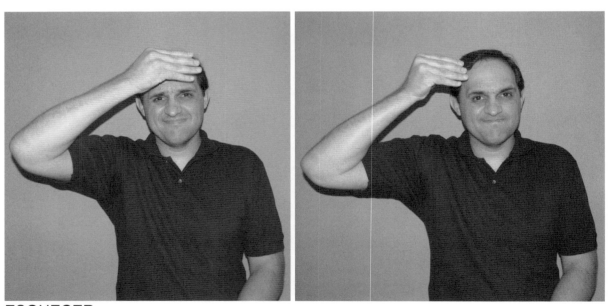
ESQUECER

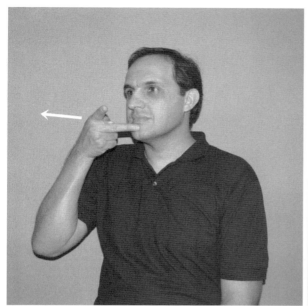 

OU

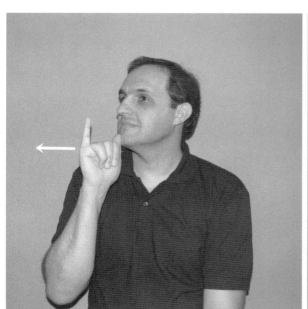 

FALAR

LEMBRAR

LER

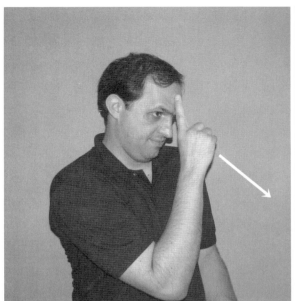
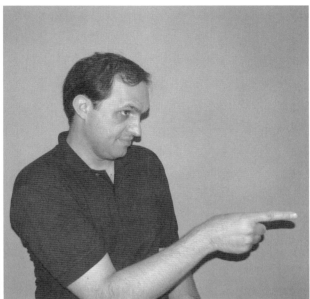

MANDAR

MOSTRAR

Material de apoio para o aprendizado de LIBRAS

NAMORAR

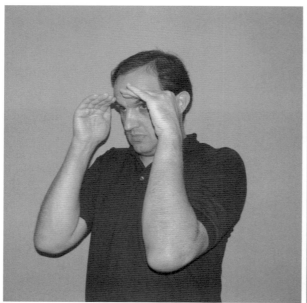 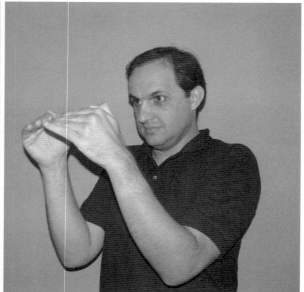

OBEDECER

PEDIR

PEGAR

Material de apoio para o aprendizado de LIBRAS

PERGUNTAR

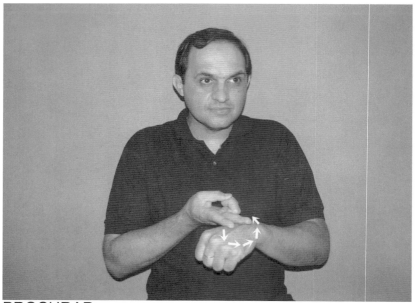

PROCURAR

QUEBRAR

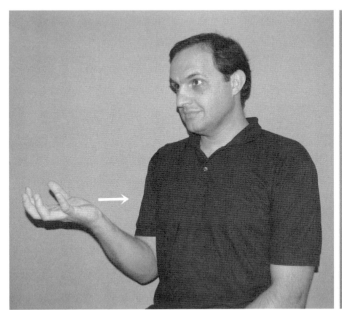

QUERER

Material de apoio para o aprendizado de LIBRAS

RESPONDER

REUNIR

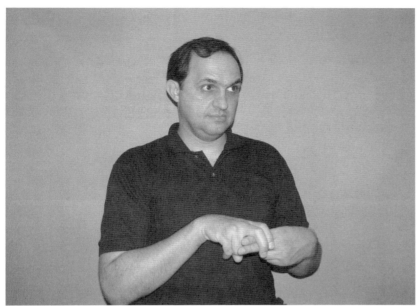
SENTAR

TER

Material de apoio para o aprendizado de LIBRAS

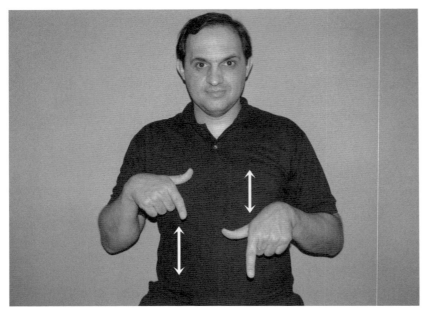

TRABALHAR

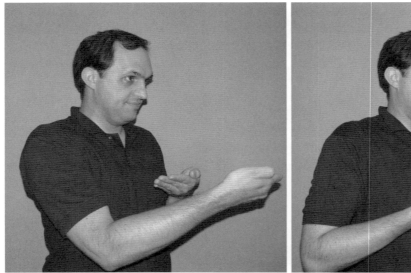
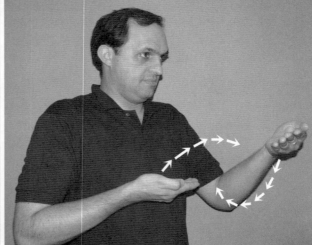

TROCAR

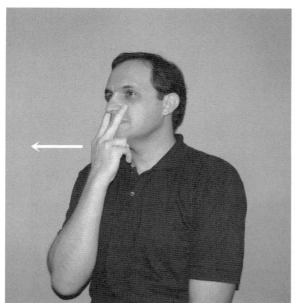 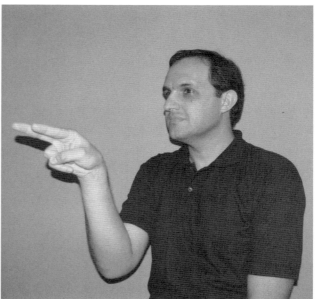

VER

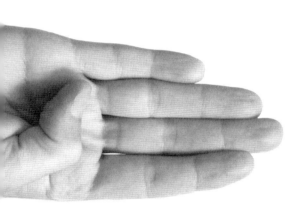

Parte 4
Leitura complementar

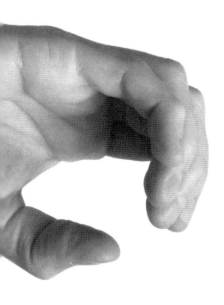

31
História dos surdos no mundo[1]

No Egito, os surdos eram adorados, como se fossem deuses, serviam de mediadores entre os deuses e os Faraós, sendo temidos e respeitados pela população.

Na época do povo Hebreu, na Lei Hebraica, aparecem pela primeira vez, referências aos surdos.

Na Antiguidade, os chineses lançavam-nos ao mar, os gauleses sacrificavam-nos aos deuses Teutates, em Esparta eram lançados do alto dos rochedos. Na Grécia, os surdos eram encarados como seres incompetentes. Aristóteles ensinava que os que nasciam surdos, por não possuírem linguagem, não eram capazes de raciocinar. Essa crença, comum na época, fazia que, na Grécia, os surdos não recebessem educação secular, não tivessem direitos, fossem marginalizados (junto com os deficientes mentais e os doentes) e que muitas vezes fossem condenados à morte. No entanto, em 360 a.C., Sócrates, declarou que era aceitável que os surdos se comunicassem com as mãos e o corpo.

Os Romanos, influenciados pelo povo grego, tinham ideias semelhantes acerca dos surdos, vendo-os como seres imperfeitos, sem direito a pertence-

---

[1] Fonte: http://pt.wikipedia.org/wiki/Hist%C3%B3ria_dos_Surdos

rem à sociedade, de acordo com Lucrécio e Plínio. Era comum lançarem as crianças surdas (especialmente as pobres) ao rio Tibre, para serem cuidadas pelas Ninfas. O imperador Justiniano, em 529 a.C., criou uma lei que impossibilitava os surdos de celebrar contratos, elaborar testamentos e até de possuir propriedades ou reclamar heranças (com exceção dos surdos que falavam).

Em Constantinopla, as regras para os surdos eram basicamente as mesmas. No entanto, lá os surdos realizavam algumas tarefas, tais como o serviço de corte, como pajens das mulheres, ou como bobos, de entretenimento do sultão.

Mais tarde, Santo Agostinho defendia a ideia de que os pais de filhos surdos estavam a pagar por algum pecado que haviam cometido. Acreditava que os surdos podiam comunicar por meio de gestos, que, em equivalência à fala, eram aceites quanto à salvação da alma.

A Igreja Católica, até a Idade Média, cria que os surdos, diferentemente dos ouvintes, não possuíam uma alma imortal, uma vez que eram incapazes de proferir os sacramentos.

John Beverley, em 700 d.C., ensinou um surdo a falar, pela primeira vez (em que há registro). Por essa razão, ele foi considerado por muitos como o primeiro educador de surdos.

No fim da Idade Média e início do Renascimento, muda-se da perspectiva religiosa para a perspectiva da razão, em que a deficiência passa a ser analisada sob a óptica médica e científica.

Foi na Idade Moderna que se distinguiu, pela primeira vez, surdez de mudez. A expressão surdo-mudo, deixou de ser a designação do surdo.

Pedro Ponce de León inicia, mundialmente, a história dos surdos, tal como a conhecemos hoje em dia. Para além de fundar uma escola para surdos, em Madrid, ele dedicou grande parte da sua vida a ensinar os filhos surdos, de pessoas nobres, nobres esses que de bom grado lhe encarregavam os filhos, para que pudessem ter privilégios perante a lei (assim, a preocupação geral em educar os surdos, na época, era tão somente econômica). León desenvolveu um alfabeto manual, que ajudava os surdos a soletrar as palavras (há quem defenda a ideia de que esse alfabeto manual foi baseado nos gestos criados por monges, que se comunicavam entre si dessa maneira pelo fato de terem feito voto de silêncio).

Nesta época, era costume que as crianças que recebiam esse tipo de educação e tratamento fossem filhas de pessoas que tinham uma situação econômica boa. As demais eram colocadas em asilos com pessoas das mais diversas origens e problemas, pois não se acreditava que pudessem se desenvolver em função da sua "anormalidade".

Juan Pablo Bonet, aproveitando o trabalho iniciado por León, foi estudioso dos surdos e seu educador. Escreveu sobre as maneiras de ensinar os surdos a ler e a falar, por meio do alfabeto manual. Bonet proibia o uso da língua gestual, optando o método oral.

John Bulwer, médico inglês, acreditava que a língua gestual deveria possuir um lugar de destaque na educação para os surdos; foi o primeiro a desenvolver um método para se comunicar com os surdos. Publicou vários livros, que realçam o uso de gestos.

John Wallis (1616-1703), educador de surdos e estudioso da surdez, depois de tentar ensinar vários surdos a falar, desistiu desse método de ensino, dedicando-se mais ao ensino da escrita. Usava gestos, no seu ensino.

George Dalgarno desenvolveu um sistema inovador de datilologia. Konrah Amman, defensor da leitura labial, já que considerava que a fala era uma dádiva de Deus que fazia com que a pessoa fosse humana (não considerava os surdos que não falavam como humanos). Amman não fazia uso da língua gestual, pois acreditava que os gestos atrofiavam a mente, embora os usasse como método de ensino, para atingir a oralidade.

Charles Michel de L'Épée, nascido em 1712, ensinava, numa primeira fase, os surdos, por motivos religiosos. Muitos o consideram criador da língua gestual. Embora saibamos que ela já existia antes dele, L'Épée reconheceu que essa língua realmente existia e que se desenvolvia (embora não a considerasse uma língua com gramática). Os seus principais contributos foram:

- criação do Instituto Nacional de Surdos-Mudos, em Paris (primeira escola de surdos do mundo);
- reconhecimento do Surdo como ser humano, por reconhecer a sua língua;
- adoção do método de educação coletiva;
- reconhecimento de que ensinar o Surdo a falar seria perda de tempo, antes que se devesse ensinar-lhe a língua gestual.

Jacob Rodrigues Pereira, educador de surdos que usava gestos, mas sempre defendeu a oralização dos surdos. Nunca publicou nenhum dos seus estudos. Thomas Braidwood fundou uma escola de surdos, em Edimburgo (a primeira escola de correção da fala da Europa). Samuel Heinicke, ensinou vários Surdos a falar, criando e definindo o método hoje conhecido como Oralismo.

Depois da Revolução Francesa e durante a Revolução Industrial, entrou-se numa era de disputa entre os métodos oralistas e os baseados na língua gestual. Roch-Ambroise Cucurron Sicard foi um abade francês, famoso pelo seu trabalho como educador de surdos; Sicard fundou a escola de surdos de Bordéus, em 1782, posteriormente sucedeu a L'Épée, como diretor do instituto criado pelo mesmo L'Épée, também apoiou a criação de vários institutos de surdos em todo o país. Pierre Desloges, francês, tornou-se surdo aos 7 anos, por causa da varíola, foi defensor da língua gestual, tendo sido autor do primeiro livro publicado por um surdo, em que revelava a sua indignação contra as ideias do Abade Deschamps, que havia publicado um livro que criticava a língua gestual. Desloges, a esse respeito, declarou o seguinte:

> Tal como o francês vê a sua língua desvirtuada por um alemão que apenas conhece algumas palavras da língua francesa, penso que devo defender a minha língua contra as acusações falsas deste autor.

Desloges, em seu livro, defende a ideia de que a língua gestual (Antiga Língua Gestual Francesa) já existia, mesmo antes do aparecimento das primeiras escolas de surdos, como criação dos surdos e sua língua natural.

Jean Itard, primeiro médico a interessar-se pelo estudo da surdez e das deficiências auditivas, usava os seguintes métodos nas suas pesquisas: cargas elétricas, sangramentos, perfuração de tímpanos, entre outras.

Jean Massieu foi um dos primeiros professores surdos do mundo. Laurent Clerc, surdo francês, educador, acompanhou Thomas Hopkins Gallaudet, educador ouvinte, aos EUA, onde abriram uma escola para surdos, em abril de 1817, a Escola de Hartford. Gallaudet instituiu nessa escola a Língua Gestual Americana, passou ainda a serem usados o inglês escrito e o alfabeto manual.

Em 1830, quando Gallaudet se reformou, já existiam nos Estados Unidos cerca de 30 escolas para surdos.

Edward Miner Gallaudet, filho de Thomas Gallaudet e também educador de surdos, lutou pela elevação do estatuto do Instituto de Colúmbia a colégio. Esse colégio deu origem, em 1857, à Universidade Gallaudet, onde foi presidente por 40 anos.

Nesse ínterim, Alexander Graham Bell, cientista americano, trabalhava na oralização dos surdos. Casou com uma surda, Mabel. Bell era grande defensor do oralismo e opunha-se à língua gestual e às comunidades de surdos, uma vez que as considerava como um perigo contra a sociedade. Assim sendo, Bell defendia que os surdos não deveriam poder casar entre si e deveriam obrigatoriamente frequentar escolas normais, regulares. No entanto, em 1887 Bell, no Congresso de Milão, admitiu que os surdos deveriam ser oralizados durante um ano, mas se isso não resultasse, então poderiam ser expostos à língua gestual. Essa luta entre o oralismo e a língua gestual continua até aos nossos dias.

Em 1880, nasce Hellen Keller. Hellen ficou cega e surda aos 19 meses de idade, por causa de uma doença. Aos 7 anos, Hellen havia criado cerca de 60 gestos (br: sinais) para se comunicar com os familiares. Anne Sulivan, a professora de Hellen, isolou-a do resto da família, conseguindo assim disciplinar e ensinar Hellen. Sullivan ensina a Hellen usando o método de Tadoma, que consiste em tocar os lábios e a garganta da pessoa que fala, sendo isso combinado com datilologia na palma da mão. Hellen aprendeu a ler inglês, francês, alemão, grego e latim, através do braile. Aos 24 anos formou-se, em Radcliffe. Foi sufragista, pacifista e apoiante do planejamento familiar. Fundou o Hellen Keller International, uma organização para prevenir a cegueira. Publicou muitos livros e foi galardoada por Lydon B. Johnson, com a Presidential Medal of Freedoms.

Associativismo

Quando Sicard morreu, o Instituto Nacional de Surdos-Mudos de Paris iniciou um período conturbado. Além de sucessivos diretores que nunca conseguiram estabelecer uma liderança forte, as questões institucionais eram tratadas como questões familiares e o Instituto começou a perder crédito. Como ao longo de toda a história dos surdos, nesta época a luta entre adeptos do oralismo e do gestualismo continuava, dentro e fora do Instituto.

Bébian fundou uma escola privada para surdos, em Paris, onde usava o seu defendido método oralista, sendo proibido aos alunos do Instituto Nacional que contactassem com Bébian, quer dentro, quer fora do Instituto.

Em 1829, o Instituto tinha apenas dois professores surdos e apenas alunos do sexo masculino usufruíam de suas aulas; não existiam pessoas surdas no conselho diretivo, no conselho consultivo, na formação vocacional, nem mesmo entre os monitores. Por estarem cientes desses problemas, alguns professores uniram-se na tentativa de mudar o rumo da situação e surgem então duas frentes ideológicas, de um lado os defensores do método oralista, de outro lado os defensores do gestualismo.

No final de 1830, houve um grande movimento de pessoas surdas, que mexeu com as bases do instituto. Ferdinand Berthier, líder de uma delegação de surdos, escreveu ao Rei Luís Filipe, de França, pedindo a readmissão de Bébian na direção do Instituto – o que chocou de tal modo a administração do

Instituto que apenas aumentaram as lutas e os desentendimentos de adeptos oralistas e gestualistas, que entraram em ruptura.

Nesta época, quase todas as escolas de surdos na França usavam os métodos de Bébian na educação dos surdos e criticavam as posições do Instituto.

Em 1834, um comitê de dez membros surdos liderados por Berthier organizou um banquete em honra do Abade de L'Épée, banquete esse que se tornou um evento anual, usado pelos surdos como fórum a fim de publicitar as suas ideias e exigências. Nascia assim o Movimento surdo, numa época em que pessoas surdas tomavam conta de suas vidas e tomavam consciência do que as rodeava, lutando por seus direitos e resolvendo seus próprios problemas. Com o tempo, esses banquetes tornaram-se festivais de Língua Gestual.

Em 1838, foi fundada a Sociedade Central de Assistência e Educação de Surdos-Mudos – a primeira associação de Surdos do mundo.

Congresso de Milão

Antes do Congresso, na Europa, durante o século XVIII, surgiam duas tendências distintas na educação dos surdos: o gestualismo (ou método francês) e o oralismo (ou método alemão). A grande maioria dos surdos defendia o gestualismo enquanto que apenas os ouvintes apoiavam o oralismo – por exemplo Bell, nos EUA, fazia campanha a favor deste método, entre muitos outros professores, médicos, etc.

Em 1872, no Congresso de Veneza, decidiu-se o seguinte:

- o meio humano para a comunicação do pensamento é a língua oral;
- se orientados, os surdos leem os lábios e falam;
- a língua oral tem vantagens para o desenvolvimento do intelecto, da moral e da linguística.

O Congresso de Milão, em 1880, foi um momento obscuro na História dos surdos, pois, lá, um grupo de ouvintes, tomou a decisão de excluir a língua gestual do ensino de surdos, substituindo-a pelo oralismo (o comitê do congresso era unicamente constituído por ouvintes.). Em consequência disso, o oralismo foi a técnica preferida na educação dos Surdos durante fins do século XIX e grande parte do século XX.

O Congresso durou três dias, nos quais foram votadas oito resoluções, sendo que apenas uma (a terceira) foi aprovada por unanimidade. As resoluções são:

1 – O uso da língua falada, no ensino e educação dos surdos, deve preferir-se à língua gestual.

2 – O uso da língua gestual em simultâneo com a língua oral, no ensino de surdos, afeta a fala, a leitura labial e a clareza dos conceitos, pelo que a língua articulada pura deve ser preferida.

3 – Os governos devem tomar medidas para que todos os surdos recebam educação.

4 – O método mais apropriado para os surdos se apropriarem da fala é o método intuitivo (primeiro a fala, depois a escrita); a gramática deve ser ensinada através de exemplos práticos, com a maior clareza possível; devem ser facultados aos surdos livros com palavras e formas de linguagem conhecidas pelo surdo.

5 – Os educadores de surdos, do método oralista, devem aplicar-se na elaboração de obras específicas desta matéria.

6 – Os surdos, depois de terminado o seu ensino oralista, não devem esquecer o conhecimento adquirido, devendo, por isso, usar a língua oral na conversação com pessoas falantes, já que a fala se desenvolve com a prática.

7 – A idade mais favorável para admitir uma criança surda na escola é entre os 8-10 anos, sendo que a criança deve permanecer na escola um mínimo de 7-8 anos; nenhum educador de surdos deve ter mais de 10 alunos em simultâneo.

8 – Com o objetivo de se implementar, com urgência, o método oralista, deviam ser reunidas as crianças surdas recém-admitidas nas escolas, onde deveriam ser instruídas através da fala; essas mesmas crianças deveriam estar separadas das crianças mais avançadas, que já haviam recebido educação gestual, a fim de que não fossem contaminadas; os alunos antigos também deveriam ser ensinados segundo esse novo sistema oral.

Uma década depois do Congresso de Milão, acreditava-se que o ensino da língua gestual quase tinha desaparecido das escolas em toda a Europa, e o oralismo espalhava-se para outros continentes.

Durante o século XX

Em resultado da evolução nos campos da tecnologia e da ciência, no século XX, particularmente no campo da surdez, a educação dos surdos passou a ser dominada pelo oralismo (que encara a surdez como algo que pode ser corrigido). No entanto, sem a cura da surdez os insucessos do oralismo começaram a ser evidenciados, pois os surdos educados no método não os ajudava a conseguir um emprego, comunicar com ouvintes desconhecidos ou manter uma conversa fluida.

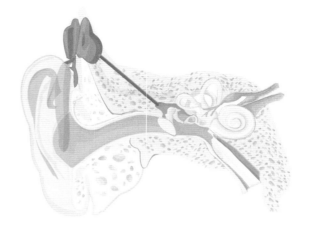

Ilustração do interior de um implante coclear

Entretanto, surge o primeiro aparelho auditivo, em 1898. Na Antiguidade, os aparelhos usados eram cornetas, ou tubos acústicos, mas a ampliação electrônica começou com Bell, em 1876, quando inventou o telefone com a intenção de amplificar o som para a sua esposa e mãe, ambas surdas. Ideia que é concretizada em 1900, em Viena, por Ferdinand Alt. Só em 1948 surgem aparelhos com pilhas incorporadas e em 1953 começou a ser usado o transístor em próteses.

Em 1970, aparecem as primeiras tentativas de implantação coclear. Esse tipo de implante sempre gerou muita controvérsia nas comunidades surdas em todo o mundo. Os argumentos a favor do implante resumem-se ao acesso à língua oral, na idade crítica de aquisição, que a cirurgia é simples e segura e com a possibilidade de proporcionar à criança uma vida social com som, e não com deficiência. No entanto, a comunidade surda, como um todo, é contra a implantação coclear em crianças surdas, antes da aquisição da linguagem. Pensa a comunidade que obrigar a criança surda a ser ouvinte, mesmo não sendo, influencia outros a negligenciar necessidades e meios de apoio à deficiência. Muitos médicos recomendam que o implante coclear seja acompanhado com a língua gestual, especialmente nos primeiros anos da criança, a fim de assegurar o pleno desenvolvimento cognitivo da criança. Segundo fontes médicas, os riscos do implante coclear incluem: infecção, vertigem, estimulação retardada, forte exposição a campos magnéticos, necessidade de acompanhamento médico por toda a vida.

Histórico dos surdos no Brasil[1]

A história da educação dos surdos no Brasil é iniciada com a decisão de Dom Pedro II que incumbiu o Marquês de Abrantes para organizar uma comissão a fim de promover a fundação de um instituto para a educação de surdos-mudos. Em 1856, essa comissão se reuniu e tomou como primeira deliberação a criação do Instituto de Educação de Surdos. Em 26 de setembro de 1857, foi aprovada a Lei nº 939 que designava a verba para auxilio orçamentário ao novo estabelecimento e pensão anual para cada um dos dez alunos que o governo imperial mandou admitir no Instituto. Assim sendo, Dom Pedro II trouxe para o Brasil um surdo francês chamado Edward Huet, iniciando assim a educação dos surdos no Brasil. O trabalho proposto por Huet seguia a Língua de Sinais, uma vez que este teria estudado com Clerc no Instituto Francês, podendo-se deduzir que ele utilizava os sinais e a escrita, sendo considerado inclusive, como o introdutor da Língua de Sinais Francesa no Brasil.

O primeiro instituto para surdos no Brasil foi fundado em 1857 por Edward Huet, inicialmente chamado de Imperial Instituto de Surdos-Mudos, passando a receber o nome de Instituto Nacional de Surdos-Mudos, em 1956, e de Instituto Nacional de Educação de Surdos em 1957. Assim, a proposta de

---
[1] FONTE: Genivalda Barbosa Vilela
http://www.feneis.com.br/page/noticias_detalhe.asp?categ=1&cod=623

currículo apresentada tinha como disciplinas o português, aritmética, história, geografia, linguagem articulada e leitura sobre os lábios para os que tivessem aptidão.

Em 1862, Huet deixou o Instituto por problemas pessoais, sendo o seu cargo de diretor ocupado por Dr. Manuel de Magalhães Couto, que não era especialista em surdez e consequentemente deixou de realizar o treino de fala e leitura de lábios no Instituto. Por esse motivo, após uma inspeção governamental, em 1868 o Instituto foi considerado um asilo de surdos. Com isso, o cargo de diretor passou a ser ocupado por Tobias Leite que estabeleceu obrigatoriamente a aprendizagem da linguagem articulada e a leitura dos lábios.

Em 1889, o governo determinou que a leitura dos lábios e a linguagem articulada deveriam ser ensinadas apenas para aqueles alunos que apresentassem um bom aproveitamento sem prejudicar a escrita.

Por volta de 1897, o caráter educacional sofria fortes influências da Europa, inclusive por causa das decisões tomadas no Congresso de Milão.

Portanto, em 1911, o Instituto Nacional de Surdos (INES) passou a seguir a tendência mundial, utilizando o oralismo puro em suas salas de aula. Todavia, o uso dos sinais permanece até 1957, momento em que a proibição é dada como oficial. É na década de 1970 que chega ao Brasil a Comunicação Total, após a visita de uma professora de surdos à Universidade Gallaudet, nos Estados Unidos.

Na década de 1980, são iniciadas as discussões acerca do bilinguismo no Brasil. Linguistas brasileiros começaram a se interessar pelo estudo da Língua de Sinais Brasileira (LIBRAS) e da sua contribuição para a educação do surdo. A partir das pesquisas desenvolvidas por Lucinda Ferreira Brito sobre a Língua Brasileira de Sinais, deu-se início às pesquisas, seguindo o padrão internacional de abreviação das Línguas de Sinais, tendo a brasileira sida batizada pela professora de LSCB (Língua de Sinais dos Centros Urbanos Brasileiros), para diferenciá-la da LSKB (Língua de Sinais Kapor Brasileira), utilizada pelos índios Urubu-Kapor no estado do Maranhão. A partir de 1994, Brito passa a utilizar a abreviação LIBRAS (Língua Brasileira de Sinais), que foi criada pela própria comunidade surda para designar a LSCB.

Todavia, no ano de 1986, a direção do Instituto Nacional de Educação de Surdos, sob a luz dos efeitos dessa nova era, iniciou o projeto de pesquisa PAE (Projeto de Alternativas Educacionais), um trabalho de implementação da Comunicação Total em grupos de alunos ali matriculados. Entretanto esta perspectiva não tomou corpo, podendo ser observado que, atualmente, segundo a Procuradoria Geral do Trabalho (2001/2002), foi sancionada, em 24 de abril de 2002, a Lei nº 10. 436 que reconhece a Língua Brasileira de Sinais (LIBRAS) como meio legal de comunicação e expressão. Esta foi vista como sistema linguístico de natureza visual-motora, com estrutura gramatical própria oriunda da comunidade de pessoas surdas do Brasil. Dessa maneira, o sistema educacional federal e os sistemas educacionais estaduais, municipais e do Distrito Federal devem garantir a inclusão nos cursos de formação de educação especial, de fonoaudiologia e de magistérios, em seus níveis médio e superior, o ensino das LIBRAS, como parte integrante dos parâmetros Curriculares Nacionais. Nesta perspectiva, o surdo, como todos os demais educandos "especiais", terá garantido, assim, o seu direito à educação, assegurando uma formação que lhe dê condições de autonomia no mercado de trabalho etc., ou seja, realmente partindo da educação para a inclusão social em todos os seus aspectos

Referências

Bibliografia consultada

CAPOVILLA, F. C.; RAPHAEL, W. D. Dicionário Enciclopédico Ilustrado Trilíngue da Língua de Sinais Brasileira. v. 1 e 2. Ilustrações de Silvana Marques. São Paulo: USP/ Imprensa Oficial do Estado, 2001.

FELIPE, T. A. Libras em contexto: curso básico, livro do estudante cursista – Programa Nacional de Apoio à Educação dos Surdos. São Paulo: MEC; SEESP, 2001.

FERNANDES, E. Linguagem e Surdez. Porto Alegre: Artmed, 2002.

MAUPASSANT, G. Carta de um louco. In: Contos fantásticos: o Horla e outras histórias. v. 24. Tradução de José Thomas Brum. Porto Alegre: L&PM, 1997. p. 56-7. (L&PM Pocket)

PADDEN, C. The deaf community and the culture of deaf people. In: WILCOX, S. (Ed.). American Deaf Culture: an anthology. Burtonsville: Lindtok Press, 1989. p. 5.

PERLIN, G. Identidades Surdas. In: SKLIAR, C. (Org.) A Surdez: um olhar sobre as diferenças. Porto Alegre: Editora Mediação, 1998.

SACKS, O. W. Vendo Vozes. São Paulo: Companhia das Letras, 1998.

SKLIAR, C. (Org.). A Surdez: um olhar sobre as diferenças. Porto Alegre: Mediação, 1998.

_____. _____. 2. ed. Porto Alegre: Mediação, 2001. p. 28.

Livros com DVD

CINDERELA SURDA
Autor: Caroline Hessel, Fabiano Rosa e Lodenir Karnopp
Páginas: 36
Ano de publicação: 2003
Editora: ULBRA

A HISTÓRIA DE ALADIM E A LÂMPADA MARAVILHOSA
Autor: Desconhecido
Ano de publicação: 2004
Editora: ARARA AZUL
Tradutores para Libras:
Ana Regina Campello e Nelson Pimenta

PINÓQUIO
Autor: Carlo Collodi
Ano de publicação: 2003
Editora: ARARA AZUL
Tradutores para Libras:
Ana Regina Campello e Nelson Pimenta

O VELHO DA HORTA
Autor: Gil Vicente
Ano de publicação: 2005
Editora: Nacional
ISBN: 8504009394
Tradutores para LIBRAS:
Marlene Pereira do Prado e Juan Nascimento Guimarães

IRACEMA
Autor: José de Alencar
Ano de publicação: 2002
Editora: ARARA AZUL
Tradutores para Libras:
Heloíse Gripp Diniz e Roberto Gomes de Lima

O ALIENISTA
Autor: Machado de Assis
Ano de publicação: 2004
Editora: ARARA AZUL
Tradutores para Libras:
Alexandre Melendez e Roberta Almeida

ALICE NO PAÍS DAS MARAVILHAS
Autor: Lewis Carroll
Ano de publicação: 2002
Editora: ARARA AZUL
Tradutores para Libras:
Marlene Pereira do Prado, Wanda Quintanilha Lamarão, Clélia Regina Ramos.

FILMES

FILHOS DO SILÊNCIO
País: EUA
Gênero: Drama
Diretor: Randa Raines
Elenco: Marlee Mctlin, William Hurt
Ano: 1986 Duração: 118 min

SOM E FÚRIA
País: EUA
Gênero: documentário
Diretor: Josh Aronson
Ano: 2000

A MÚSICA E O SILÊNCIO
País: Alemanha/Suíça
Gênero: Arte
Diretor: Caroline Link
Elenco: Howie Seago, Sylvie Testud, Emmanuelle Laborit
Ano: 1996
Duração: 110 min

QUERIDO FRANKIE
País: Inglaterra
Gênero: Arte
Diretor: Shona Auerbach
Elenco: Emily Mortimer, Jack McElhone
Ano: 2004 Duração: 105 min

MR. HOLLAND - ADORÁVEL PROFESSOR
Gênero: Drama
País: EUA
Diretor: Stephen Herek
Ano: 1995
Duração: 140 min

O MILAGRE DE ANNE SULLIVAN
País: EUA
Gênero: Drama
Diretor: Arthur Penn
Elenco: Anne Bancroft, Patty Duke

O FILME SURDO DE BEETHOVEN
País: Bélgica
Diretor: Ana Torfs
Ano: 1998

BABEL
País: EUA
Gênero: Arte
Diretor: Alejandro González
Elenco: Cate Blanchett, Brad Pitt, Mahima Chaudhry, Gael García Bernal (Diários de Motocicleta), Jamie McBride, Kôji Yakusho, Shilpa Shetty, Lynsey Beauchamp.
Ano: 2006
Duração: 143 min

NO SILÊNCIO DO AMOR
País: EUA
Gênero: drama, romance
Diretor:Joseph Sargent
Elenco: Mare Winningham, Phylis Frelinch, Ed Waterstreet
Ano: 1985
E SEU NOME É JONAS
País: EUA
Ano: 1979

Fontes adaptadas

História dos surdos no mundo
http://pt.wikipedia.org/wiki/Hist%C3%B3ria_dos_Surdos

http://www.cbsurdos.org.br/associacoes.htm

http://www.webartigos.com/articles/3639/1/historico-da-educacao-dos-surdos/pagina1.html

Histórico dos surdos no Brasil
Genivalda Barbosa Vilela

http://www.feneis.com.br/page/noticias_detalhe.asp?categ=1&cod=623

O BILINGUISMO NA EDUCAÇÃO DE SURDOS
Myrna Salerno

http://saci.org.br/?modulo=akemi&parametro=5473

COMUNIDADE SURDA

Extraído de Palestra: História dos surdos no Brasil, Éricka Viviene Faria Macedo

http://www.pucminas.br/nai/noticias.php?id=41edo

ASPECTOS CLÍNICOS DA SURDEZ

http://www.webartigos.com/articles/3639/1/historico-da-educacao-dos-surdos/pagina1.html

SOBRE O LIVRO

Formato: 21 x 28 cm
Mancha: 12,2 x 21,4 cm
Papel: Offset 90 g
nº páginas: 340
1ª edição: 2011

EQUIPE DE REALIZAÇÃO

Assessoria Editorial
Maria Apparecida F. M. Bussolotti

Assistência Editorial
Nathalia Ferrarezi

Edição de texto
Nathalia Ferrarezi (Preparação do original e copidesque)
Andrea Marques Camargo (Revisão)

Editoração eletrônica
Fabiana Lumi (Capa, projeto gráfico, diagramação e tratamento de imagens)
Ricardo Howards (Ilustrações)

Fotografia
Alexandre dos Santos Figueira | Paulo de Queiroz Freitas (Modelos)

Impressão
Edelbra Indústria Gráfica